Gruß aus der Küche

»Isch das iez s Nötigscht?«, fragten nicht wenige, als vor fünf-zig Jahren in der »Urdemokratie« Schweiz die Männer den Frauen – endlich! – das Stimmrecht gewährten. Janu, hieß es an manchen Stammtischen, ändern wird sich wohl nicht viel. Und nun? War's nötig, und hat sich was geändert? Die beiden Journalistinnen Rita Jost und Heidi Kronenberg haben über dreißig Autorinnen, Kolumnistinnen und Historikerinnen zwischen dreißig und achtzig gebeten, ihren Alltag in Bezug auf das Frauenstimmrecht und das Frausein heute zu erfor-schen – und zu formulieren, was sie erleben, was sie ärgert, freut, herausfordert und anspornt. Entstanden ist eine wilde Mischung aus Texten zum Anstoßen, Anstoßen auf eine (späte) Errungenschaft, aber auch Anstoß geben, weiter Ungenügen-des anzupacken. Denn in der Küche brodelt und gärt es nach wie vor.

Eine Anthologie mit Hirn, Witz und Biss mit Illustrationen von Nora Ryser. Ein Buch nicht nur für Frauen, zu einem Jubiläum, das sicher kein Grund zum satten Ausruhen ist.

Gruß aus der Küche

Texte zum Frauenstimmrecht

Herausgegeben von
Rita Jost und Heidi Kronenberg

Illustrationen von Nora Ryser

Rotpunktverlag.

Der Rotpunktverlag wird vom Bundesamt für Kultur
mit einem Strukturbeitrag für die Jahre 2021–2024
unterstützt.

Illustrationen und Umschlag: Nora Ryser
Satz: Patrizia Grab
Druck und Bindung: Friedrich Pustet, Regensburg

ISBN 978-3-85869-887-2
2. Auflage 2021

Für Zora

Inhalt

hausgemacht

auftischen

garen

einkassieren

nachreifen

Vorwort

Gruß aus der Küche. Ausgerechnet. Ja, sind wir denn heute noch nicht weiter? Nach diesen fünfzig Jahren. Stehen Frauen weiterhin am Herd? Bekochen Männer, Kinder, die ganze Gästeschar? Lächeln dazu auch noch nett – und winken freundlich? So mögen Sie sich wundern, liebe Leserin, lieber Leser. Wir verstehen das. Und wie.

Soll man das Fünfzigjahrjubiläum des Frauenstimmrechts denn überhaupt feiern? Oder nur herzhaft darüber lachen? Oder sich nachträglich fremdschämen? Daran erinnern, dass 1971 nur zwei Drittel der Schweizer Männer ein Ja in die Urne legten – und sechs Kantone ein Nein? Oder soll man das Jubiläum als Chance nutzen, Einspruch erheben gegen Einschränkungen und Einengungen von heute? Unbedingt.

Uns interessiert, wie Frauen heute über Geschlechterordnungen, das Patriarchat und alte weiße Männer nachdenken, nachrechnen oder fantasieren. Die alten Feministinnen und die jungen. Entstanden ist ein Sammelband, der Brüche, Brüchiges und Aufbrüche zur Sprache bringt. Bald kühn analysierend, bald wütend, witzig, frech.

Ariane von Graffenried schreibt der ehemaligen Präsidentin des Bundes der Schweizerinnen gegen das Frauenstimmrecht einen Brief und beruhigt die unter der Erde

Liegende: »Die Heimat ist seit der Annahme des Frauenstimmrechts nicht untergegangen.« *Abschrecken* war umsonst.

Susan Boos beugt sich über historische *Nebelspalter* und dokumentiert den unverkrampften Humor von damals auf Kosten der Frau. Monierte doch da ein Mann: »Soso, eine Petition für das Frauenstimmrecht. Ist das jetzt das Nötigste?«

Das Nötigste war es allerdings für die einsamen Kämpferinnen des 19. und frühen 20. Jahrhunderts. Wer kennt denn heute ihre Namen noch – Marie Goegg-Pouchoulin, Klara Honegger, Emilie Gourd, Rosa Göttisheim? Wer weiß, welchen Spott, welche Verachtung sie auszuhalten hatten? Die Historikerinnen Elisabeth Joris, Barbara Marti und Franziska Rogger würdigen in ihren Texten die *mise en place* der Pionierinnen für die weiland unerhörte Forderung: Gleiche Rechte für Mann und Frau!

Gleiche Rechte heute: Simona Isler und Anja Peter – selbst berufstätige Mütter und Hausfrauen – rechnen vor, wie viele Stunden Frauen in der Schweiz gratis arbeiten. Und möchten nun ganz einfach mal *einkassieren*.

Nina Kunz setzt sich an den Tisch ihrer Großmutter und genießt den *hausgemachten* Apfelkuchen. Was sie, die Moma, ihr, der Nina, heute denn rate, wollte sie wissen: »Ich würde dich ermutigen, deinen eigenen Weg zu gehen. Ich habe immer auf alle Rücksicht genommen. Und das war fatal.«

Den eigenen Weg sucht auch Fatima Moumouni. »Das Patriarchat verschwindet nicht mit dem Stimmrecht.« Sie will sich abschminken, nicht mehr immer allen gefallen. Denn wer sich zu lange darin übe, mit sich selbst unzufrieden zu sein, werde ziemlich gut darin.

Vieles, was angeteigt ist, muss *nachgaren, nachreifen* – auch rückblickend, wie Elisabeth Bronfen betont: »Befragen wir die Vergangenheit nicht nur darauf hin, was Frauen nicht gelingen konnte, sondern auch im Sinne einer spekulativen Erzählung auf all das, was ihnen hätte gelingen können.« Nachträglich wächst, was aus der Vergangenheit zu uns zurückkommt.

Rezepte für die Nachreife haben wir keine. Aber ermutigende, utopische Geschichten – von »Es war einmal« bis »Es wird einmal«. Angelika Waldis' Erna, die ihren Mann ein Leben lang bedient, und sich eines Tages einfach aus dem Staub macht. Patti Baslers Martha, das fromm-katholisch erzogene Mädchen, das um zwei Schuljahre betrogen wurde, um zu Hause möglichst rasch mitzuverdienen, strickt heute eifrig rosa Mützen und regenbogenfarbene Schals – für ihre lesbisch liebende Enkelin. Laura de Wecks Verena, fünfundachtzigjährig, die sich wundert, dass ihre Enkelin auch heute noch für Frauenrechte auf die Straße gehen muss – fünfzig Jahre nach dem Women's March. Wie viel lieber sähe sie ihr Großkind an einem Migrants' March.

Doch jetzt lasst uns *anstoßen* – auf fünfzig Jahre Frauenstimmrecht – mit Champagner oder Schnaps!

Rita Jost und Heidi Kronenberg

Die Herausgeberinnen danken den Autorinnen – die in ihren Ideenküchen standen und uns ihre Gerichte zustellten, der Illustratorin Nora Ryser, die mit dem Zeichenstift lustvoll nachgewürzt und abgeschmeckt hat, der Lektorin Christiane Schmidt fürs Eindicken und Verflüssigen, der Verlagsleiterin Sarah Wendle, die uns an den Redaktionstisch lud.

amuse gueule

Nicaragua hets vor üs gha
Äquatorialguinea hets vor üs gha
Costa Rica hets o vor üs gha
Dominica hets vor üs gha
China hets o vor üs gha
Botswana und Malaysia heis beidi lang, lang vor üs
    gha
Guyana hets vor üs gha
Grenada hets vor üs gha
Antigua und Barbuda heis vor üs gha
Kenia hets vor üs gha
Ruanda hets vor üs gha
Uganda hets vor üs gha
Sambia hets vor üs gha
haub Afrika hets vor üs gha
u ganz Latinamerika

U dr Kosovo sowieso
u Marokko, Monaco u Mexiko
u dr Kongo o
Montenegro
u Togo
u Burkina Faso
u Puerto Rico o

Panama hets vor üs gha
Liberia hets vor üs gha
Sri Lanka hets o vor üs gha
sogar d USA heis vor üs gha
Papua-Neuguinea hets vor üs gha
(Momänt, hei mr das nid scho gha?
Ah nei, Äquatorialguinea …)
Burma hets vor üs gha
Eritrea hets vor üs gha
Santa Lucia hets vor üs gha
Andorra und Somalia
und no guät zwänzg Länder meh uf A
heis alli zämä vor üs gha

Myanmar hets sit dä 1920ger Jahr
in Kiribati bestimmt scho lang nümm nur dr Vati
o Island isch kes Schissland
Mauritius isch üs wiit vorus
u Madagaskar glasklar
am Senegal ischs nid egal
o dr Tschad isch sich nid z schad
in Taiwan und Tadschikistan si d Frouä länger dran
        am Urnägang
o d Türkei ghört zu denä wos länger hei
in Dschibuti gits kei Disputi
in Dänemark isch d Frou autark
u o d Elfäbeiküschtä kennt Rächt für Mönschä mit
        Brüscht …
… Ä klarä Fau ischs für au i dr Republik Moldau
in Burundi het dr Mönschävrstand gsiegt – dr gsundi
o Estland het d Zeiche vo dr Ziit erkannt

u Finnland ganz ohni Ufstand
in Neuseeland ligts uf dr Hand
in Dütschland und Thailand ohni lutä Iiwand
Irland hets mit grossäm Abstand vor üs erkannt
und subi nid z letscht Griecheland

Japan und Afghanistan, beidi viu viu früecher dran
u o Polä het ds Rennä nid vrlorä
in Lesotho chochä d Frou nid nume Risotto
und uf dä Fidschi-Inslä hei si nid müessä bis id
    Sibzgr winslä
Wiissrussland kennt sä nid, di Schand
und uf Barbadoss stimmä sogar d Ross
(nei, Witz gsi, sorry)
u o die wo in Sierra Leone düe wohne
oder ir Mongolei si dähei
u vor auäm die vo Kanada hei z Stimmrächt so lang
    vor üs gha!
Und o in Schwedä und Norwegä
duet mä d Glichstellig pfleegä
dörfä d Frouä lengscht mitreedä
u in Grossbritanniä u Spaniä

Venezuela hets vor üs gha
Korea hets vor üs gha u Kuba u Toga u Malta,
in Kambodscha spilä d Froue nid nur Boccia
in Georgiä firä si nachäm Wahlgang Orgiä
uf Haiti und Honduras
kennt mä nä scho lengscht dä Spass
Irak, Iran au lenger dran
Kamerun und Kasachstan

sogar Jamaika hets vor üs gha, Guatemala, Gambia!
U Brasiliä, Indiä, Frankrich,
Ouschtraliä, El Salvador,
i schaffäs gar nid, di Länder
au ufz'zeuä! Hei das sprängt
süsch hiä vou d Sitäzahl.
Philippinä, Öschtrich,
Lybiä, Litouä,
Syriä,
Singapur!
U no huere
viu meh!

mise en place

List, Ironie und Kampfeslust

Die Kompromisslosigkeit unverheirateter Frauenstimmrechtlerinnen

Elisabeth Joris

Als Historikerin blicke ich auf fünfzig Jahre Frauenstimm-recht gerne nochmals weitere fünfzig Jahre zurück, um jene Frauen in den Vordergrund zu rücken, deren Verdienste wir insbesondere in der deutschen Schweiz zu wenig wahr-nehmen. Sie brauchten neben Energie und Kampfeslust auch Mut, diese Frauen, die sich von 1912 bis 1971 für das Frauenstimmrecht einsetzten. Dass nicht wenige von ihnen unverheiratet waren, ist kein Zufall. Die zunehmend hege-monialen Normvorstellungen über die gesellschaftlichen Aufgaben von Frauen und Männern ordnete ihnen eine Randposition zu, im Grunde eine Stellung, die im hetero-normativen Setting nicht vorgesehen war.

Randposition für ledige Frauen
Nach dem Ende des Ancien Régime setzte sich im Laufe des 19. Jahrhunderts für alle Männer – unabhängig von ihrem Zivilstand und ihrer sozialen Herkunft – die Ansicht durch, dass ihre Stellung in der Gesellschaft definiert sei über Aus-bildung, Beruf, individuelle Leistung und Kompetenz. Ebenso galt als unverrückbar, dass ihnen als Individuen gleiche Rechte in Bezug auf die Partizipation am Staate und gleiche Freiheiten in Bezug auf ihre Tätigkeit und private

Lebensgestaltung zukomme. Definitionen und Rechte, die als solche für Frauen keinerlei Gültigkeit hatten. Frauen blieben als Gattin und Mutter dem Haus zugeordnet. Von unverheirateten Töchtern wurde vielfach bis weit ins 20. Jahrhundert erwartet, dass sie selbstlos die Pflege und Betreuung ihrer kranken und alten Eltern übernahmen, aber ebenso wenig wie verheiratete selbständig über ihr Leben entschieden.

So erstaunt es nicht, dass unverheirateten Frauen – ledigen, verwitweten, geschiedenen – erst das eidgenössische Gesetz von 1882 Handlungsfähigkeit zubilligte. Zuvor standen sie je nach kantonaler Regelung in geringerem oder stärkerem Maße unter männlicher Vormundschaft und durften nicht frei über ihr eigenes Vermögen verfügen. Diese unwürdige Situation blieb allerdings für verheiratete Frauen für mehr als hundert weitere Jahre bestehen, bis zum Inkrafttreten des neuen Eherechts am 1. Januar 1988. Dass sich das geändert hat, ist allerdings nur der Einführung des Frauenstimmrechts 1971 zu verdanken. Mehr als die Hälfte der votierenden Männer stimmte auch Mitte der achtziger Jahre noch für die Aufrechterhaltung des Ehemanns als Oberhaupt der Familie. Dagegen war das mit großer Mehrheit befürwortende Verdikt der Frauen an der Urne umso deutlicher. Das Ja für das neue Eherecht war ein Sieg der Frauen.

Spott und Verachtung getrotzt

Die parallel zur männlichen Ablehnung des Frauenstimmrechts vorherrschende negative Bewertung beruflicher und/oder politischer Karriereabsichten von Frauen ist eng verknüpft mit der Vorstellung des Ledigenstatus von Frauen als eines Scheiterns, ja als persönlichen Versagens. Die ledige, ungebundene Frau, die über ihr Schicksal bestimmt, passte nicht ins Schema. Stellten unverheiratete Frauen gesellschaftliche Forderungen, konnte ihnen ungestraft mit offener oder versteckter Häme begegnet werden, ausgedrückt in Worten voller Verachtung bis Hass wie »alte Schachtel«, »frustrierte Altjungfer« und weit Schlimmerem. Dass Frauen ein ungebundenes Leben, ja eine Lebensgemeinschaft mit einer anderen Frau einer Verbindung mit einem Mann vorziehen konnten, entzog sich nicht nur dieser Sicht, sondern bedrohte unterschwellig die von vielen geteilte selbstherrliche Männlichkeit.

Unverheirateten Feministinnen konnte diese Verachtung nicht viel anhaben; sie bestärkte sie vielmehr in ihrer Einforderung der Menschenrechte auch für ihr Geschlecht. Sie erfuhren die Diskriminierung nicht nur als Staatsbürgerinnen, sondern auch im beruflichen Alltag. Insbesondere Lehrerinnen und Anwältinnen wurden von Männern als unliebsame Konkurrenz immer wieder angefeindet. Dabei pochten Lehrer und Beamte als Ernährer der Familie generell, ob verheiratet oder nicht, auf berufliche Bevorzugung. In Anwaltssachen wurden Frauen die wenig lohnenswerten Scheidungsfragen zugeteilt. Seit Ende des 19. Jahrhunderts gehörten denn auch Lehrerinnen wie Anwältinnen zur Avantgarde der Frauenstimmrechtlerinnen. So unterschiedlich der jeweilige historische Kontext ihres Engagements auch war, uneingeschränkt hielten sie an ihren Forderungen fest und wussten in den fünfzig Jahren vor Einführung des Frauenstimmrechts immer wieder mit List, Kampfeslust und einem Schuss Ironie lautstark für dieses einzutreten.

Die Genfer Feministin Emilie Gourd

Mouvement féministe, so hieß die 1912 von der Genferin Emilie Gourd gegründete Zeitschrift. Mit diesem Titel bekannte sich die Lehrerin und langjährige Präsidentin des Schweizerischen Verbands für Frauenstimmrecht (SVF) als Kämpferin und kompromisslose Anhängerin der Werte *liberté* und *égalité*. Gleichheit ging für sie trotz ihrer großbürgerlichen Herkunft über die staatsbürgerlichen Rechte hinaus. Mitten im Krieg kommentierte sie enthusiastisch den Kampfgeist der Zigarrenarbeiterinnen in Brissago, die mit einem Streik Lohnerhöhungen durchsetzten: »Sowohl aus ökonomischer als auch feministischer Perspektive ein bemerkenswertes Ergebnis, das zeigt, was Frauen erreichen, wenn sie eine Sache wollen, und zwar alle gemeinsam.« Unter dem Titel »Gleicher Lohn für gleiche Arbeit« veranlasste sie als Präsidentin des SVF eine Umfrage über Entlohnung von Frauen. Zusammen mit Auguste de Morsier, Sohn einer Frauenrechtlerin der ersten Stunde und erster Präsident des SVF, machte sie unmissverständlich klar, was sie unter »Recht« verstand. Ein solches stehe grundsätzlich allen zu: »Sofern das Stimmrecht ein Recht ist, steht es allen zu, und zwar mit allem, was es impliziert. [...] Das Geschlecht hat nichts damit zu tun.« Umso erfreuter zeigte sie sich, als im Landesstreik vom November 1918 das Frauenstimmrecht an prominenter zweiter Stelle auf der Liste der Forderungen stand. Ohne Absprache mit dem Vorstand forderte sie im Namen des Frauenstimmrechtsverbands den Bundesrat per Telegramm auf, die Forderung 2 der Streikenden sofort umzusetzen. Zwar kritisierten im Nachhinein Mitglieder des Frauenstimmrechtsverbands ihr Vorpreschen, doch Emilie Gourd wusste sich zu behaupten. Der Vorstand distanzierte sich nicht von ihr.

Streitbare Basler Pazifistinnen und Lehrerinnen

Zwei Lehrerinnen an der Basler Töchterschule, Rosa Göttisheim und Georgine Gerhard, waren ebenso engagierte Mitglieder des Frauenstimmrechtsverbands wie des Schweizerischen Lehrerinnenvereins. Sie analysierten die Stellung der Lehrerinnen und prangerten in ihren Publikationen deren Diskriminierung an. Als Zugehörige der pazifistischen und religiös-sozialen Bewegung setzten sie sich ab den dreißiger Jahren für Flüchtlinge und Emigrantenkinder ein, intervenierten furchtlos beim Bundesrat gegen dessen Politik der geschlossenen Grenzen im Zweiten Weltkrieg.

Wie unerschrocken Basler Lehrerinnen ihre politische Meinung nicht zurückhielten, zeigten sie 1959 nach der Ablehnung des Frauenstimmrechts. Auf Vorschlag der eben erst als Konrektorin zurückgetretenen Geschichtslehrerin Rut Keiser traten zwei Tage nach dem von ihnen als entwürdigend empfundenen Votum der Männer um die fünfzig Lehrerinnen der Töchterschule in einen eintägigen Streik – der erste politische Frauenstreik der Schweiz überhaupt. Von den Basler Frauenstimmrechtlerinnen war nur wenige Jahre zuvor auch der Widerstand gegen die bundesrätliche Vorlage für einen obligatorischen Einbezug der Frauen in den Zivilschutz ausgegangen.

Die Waadtländer Anwältin Antoinette Quinche

Als gegen das vom Parlament verabschiedete Gesetz das Referendum ergriffen wurde, erregte die kleine Walliser Gemeinde Unterbäch mediales Aufsehen bis nach New York, weil sie auch die Frauen aufgrund des einhelligen Willens des männlichen Gemeinderats am Urnengang beteiligte. Die entscheidende Vorarbeit hatte eine Anwältin aus dem Kanton Waadt geleistet. Antoinette Quinche war eine der beiden ersten Frauen, die 1923 an der Universität Lausanne das Studium der Rechte abschlossen. Als die Zivilschutzvorlage den Männern zur Abstimmung vorgelegt werden sollte, war sie als Anwältin und Vizepräsidentin des SVF zugleich auch Präsidentin des Schweizerischen Aktionskomitees für die Einführung des Frauenstimmrechts. Bezug nehmend auf das generische Maskulinum argumentierte sie, der Begriff *citoyens* beziehungsweise »Stimmbürger« schließe ja Frauen nicht aus, mit einer Neuinterpretation des Begriffs könnten auch diese an die Urnen gelassen werden. Auf die Ablehnung durch die politischen Behörden reagierte Quinche mit einer Sammelklage beim Bundesgericht, das die Neuinterpretation ebenso abschmetterte. Allerdings mit einer Gegenstimme, der Stimme des Sozialdemokraten Werner Stocker. Dieser beriet nun den SVF, wie beim Urnengang vorzugehen sei. Für die Teilnahme am Referendum gegen das Zivilschutzgesetz genüge es, Frauen in die lokalen Stimmregister einzutragen. Abgesehen von einigen wenigen Ausnahmen folgten die lokalen Sektionen des SVF jedoch nicht der Empfehlung des Vorstandes.

Ausgerechnet im tendenziell konservativen Wallis fand Antoinette Quinche in der Lehrerin und Präsidentin des kantonalen Frauenstimmrechtsvereins Renée de Sépibus eine ebenso überzeugte Verfechterin dieser Idee. Gemeinsam entwarfen sie den Aufruf der Walliserinnen an die Gemeinden, ihnen über die Eintragung ins Stimmregister die Teilnahme an dieser für Frauen so zentralen Abstimmung zu ermöglichen: »Der Artikel 4 der Bundesverfassung erklärt die Gleichheit aller Schweizer vor dem Gesetz. Doch am 3. März werden aufgrund einer der schockierendsten Anomalien allein die Bürger männlichen Geschlechts an der Urne über einen Gesetzesartikel bestimmen, der ganz besonders die Frauen interessiert.« Nicht wenige Frauenstimmrechtlerinnen aus dem Unterwallis sandten den Aufruf an ihre Gemeindebehörden. Obwohl die Kantonsregierung eine Zulassung der Frauen auf diesem Wege als illegal erklärte, zeigten sich einige Gemeinden zum vorgeschlagenen Vorgehen bereit, zum Beispiel die Gemeinden Martigny-Bourg und Siders. Am meisten Aufsehen erregte jedoch die Gemeinde Unterbäch, die als einzige Oberwalliser Gemeinde, unterstützt vom Bezirkspräfekten Peter von Roten, Ehemann von Iris von Roten, die Frauen zur Abstimmung aufrief. 33 der 86 Frauen des Dorfes wagten den Gang an die Urne, allen voran die Ehefrau des Gemeindepräsidenten, Katharina Weissen. Sie ging als erste Schweizerin, die einen Stimmzettel in die Urne warf, in die Geschichte ein. Die Urne von Unterbäch steht heute in der Ausstellung zur Schweizer Geschichte im Landesmuseum Zürich.

Die Zürcher Politikerin Emilie Lieberherr

Eingegangen in die Geschichte ist auch der inzwischen legendäre Marsch nach Bern von 1969. Auf dem Bundesplatz pfiff Emilie Lieberherr als Präsidentin des Aktionskomitees zusammen mit 5000 mehrheitlich älteren Stimmrechtlerinnen und anderen Frauen auf den Bundesrat und auf die Männer. Was heute vergessen ist: Lieberherr war damals noch keine Politikerin, sondern Berufsschullehrerin für angehende Verkäuferinnen, Präsidentin des von ihr mitbegründeten Konsumentinnenforums und promovierte Ökonomin. Sie stammte aus dem Bähnlermilieu der Urner Gemeinde Erstfeld, wo Frauen schon während des Ersten

Weltkriegs für das Stimmrecht demonstriert hatten, und nahm kein Blatt vor den Mund. Wortreich empörte sie sich über die Gegner der Gleichberechtigung oder machte sich mit beißendem Spott über sie lustig. Den Marsch lehnten allerdings die Mehrheit der SVF-Sektionen ab. Ihren Vorwurf, die Befürworterinnen nähmen in Kauf, dass die aufbegehrende Jugend – die sogenannten 68er – die Demonstration für ihre revolutionären Ziele instrumentalisierten, wusste Emilie Lieberherr mit einer bedachten Strategie zu kontern. Sie ließ Trillerpfeifen verkaufen, um die Miete für die Lautsprecheranlage zu bezahlen und damit zugleich auch den Ablauf auf dem Bundesplatz nach ihrem Gusto zu dirigieren. Als nach ihrer fulminanten Rede und dem ebenso fulminanten Pfeifkonzert junge Linke das Mikrofon ergriffen, zog Emilie Lieberherr einfach den Stecker. Sehr demokratisch war dieses Vorgehen nicht, doch die Demonstration war ein Erfolg, der Druck auf Bundesrat und Parlament riesig. Nicht mal zwei Jahre später war das Frauenstimmrecht Realität – vor fünfzig Jahren. Es war das Resultat auch eines ebenso langen kompromisslosen Kampfes von Frauen – und von unverheirateten im Besonderen.

Eigenständige Frauengeschichte
dank Stimmrechtskampf

FRANZISKA ROGGER

Was erzählt man deutschen und österreichischen Frauen, die bereits hundert Jahre Frauenwahlrecht feiern konnten und die an ihrer Jubiläumsfeier in Salzburg von mir etwas über den Stimmrechtskampf der Schweizerinnen vor fünfzig Jahren erfahren wollten? Nachdem ich Hunderte von genuinen Frauenakten – und nicht bloß die von Männern über den Frauenkampf verfassten Berichte – studiert hatte, kam ich zur Überzeugung, dass sich die Schweizerinnen ihres letztlich eigenständigen und erfolgreichen Kampfes gar nicht zu schämen brauchten, und ich sagte etwa Folgendes:

Liebe österreichische und deutsche Frauen!

Sicher erwarten Sie, dass ich als Schweizerin in Sack und Asche vor Ihnen erscheine. Schließlich hat die Schweiz – im Gegensatz zur übrigen Welt – das Frauenwahlrecht als beinahe allerletztes Land erst 1971 eingeführt. Doch ich denke nicht daran, als Aschenputtel aufzutreten. Zum einen haben die anderen Länder überhaupt noch kein Frauenstimmrecht und auch kein Männerstimmrecht, sondern bloß ein Wahlrecht, mit dem mensch noch nicht mal immer die Wahl hat. Aus Sicht der Schweizerinnen sind die ausländischen Frauen, was demokratische Abstimmungsrechte betrifft, nicht fünfzig Jahre voraus, sondern fünfzig Jahre im Rückstand. Also sputen Sie sich!

Zwar ist es keinesfalls zu bestreiten, dass es in der Schweiz etwas sehr lange brauchte, bis die Frauen zu ihrem siegreichen Ziel fanden, aber dafür gab es Gründe.

Das Frauenstimm- und -wahlrecht verlangte eine Verfassungsänderung, und diese Änderung konnte zwingend *nur* mit einer Volksabstimmung erreicht werden. Die Verfassung kann hierzulande *nicht* von einem Parlament, einem Ministerrat, einem Kabinett, einem Kaiser geändert werden, nicht von einem Verfassungsgericht umgedeutet werden.

Das System der direkten Demokratie, das damals eben noch ganz ohne Frauen auskam und nur Männer umfasste, verlangte von den Frauen die Face-à-face-Konfrontation mit dem rein männlichen Souverän. Es galt, gegen die Brüder, Väter, Söhne anzugehen, die man doch liebte, denen man vertraute, deren Urteilen die Frauen gewohnt waren nachzuleben.

Die Schweizerinnen mussten nicht nur die Mehrheit der Männer davon überzeugen, ein Privileg abzugeben, auch die Mehrheit aller, auch der konservativsten Kantone musste bereit sein, auf männliche Privilegien zu verzichten. Daran führte kein Weg vorbei. Die Verfassungskompetenz, angereichert mit einem starken Föderalismus, war es, was die Einführung des Frauenstimm- und -wahlrechts verzögerte.

In dieser speziellen Ausgangslage der direkten Demokratie konnten die Schweizerinnen auch *nicht* auf ausländische Vorbilder zurückgreifen. Sie mussten sich erst eine Strategie erarbeiten, und das über Generationen hinweg. Schweizer Frauen mussten mehr als ein paar exzentrische Lords und Gentlemen beeindrucken. Sich wie die Engländerinnen anzuketten, vor ein Pferd zu werfen oder eine Bombe zu zünden, hätten nicht nur die ländlich geprägten Männer in der Schweiz wenig goutiert – die allermeisten Männer hätten es als einen Beweis für die politische Unreife und Unzulänglichkeit der »Weiber« genommen.

Zuerst versuchten es Schweizerinnen zeitgebunden mit untertänigen Bittschriften an die Obrigkeit, auch etwa mit einer intellektuell oder religiös fundierten Forderung, dann mit Unterschriftensammlungen, Initiativen, Motionen, Petitionen, Interpellationen, Demonstrationen, schließlich mit selbstbewussten oder schmeichelnden Ausstellungen, sogar mit einer den Männersouverän verspottenden Schnecke im Saffa-Umzug und einer die Männer in ihrem Laufgitter verhöhnenden Kampfschrift.

Während schwieriger Zeiten, etwa in Kriegsjahren, erbrachten die Schweizerinnen Vorleistungen, und sie dachten, als Dank und als Anerkennung entsprechende Rechte zu erhalten. Sie waren dementsprechend enttäuscht, dass ihr Einsatz nicht honoriert wurde. Das war in verschiedenen europäischen Ländern ganz anders, da gab es nach den Kriegen ein Vakuum aufzufüllen, welches die gefallenen Männer hinterließen. Die schweizerischen Männer aber kamen – anders als etwa in Deutschland und Österreich – unversehrt und mit unbeschädigtem Ruf

zurück. Allerdings hatten sich die Schweizerinnen – glück-
licherweise – auch nicht auszeichnen können, wie etwa
die finnischen Lottas oder die englischen Enigma-Entziffe-
rinnen.

Auch die behutsame Taktik, Frauen erst in verschiedene
soziale Gemeindekommissionen zu schicken, auf dass sie
nach und nach zu den kantonalen Ämtern vordrängen und
schließlich das nationale Stimm- und -wahlrecht als reife
Frucht ernten könnten, funktionierte schon von Anfang an
nicht: Männer wählten Männer in die Kommissionen und
keine Frauen.

Immer wieder erträumten sich die Frauen, den leichten
Weg gehen zu können, und hofften, Bundesgericht oder
Bundesrat würden mit einem Federstrich den entsprechen-
den Verfassungsparagrafen ändern und in den Begriff
Schweizer auch Schweizerinnen hineininterpretieren.
Doch Staatsrechtler, selbst Frauenstimmrechtsbefürworter,
erklärten dies als Unmöglichkeit. Eine Verfassungsände-
rung mit den Waffen in der Hand zu erkämpfen, wie die
Männer im Sonderbundskrieg, kam auch nicht infrage.
Oder können Sie sich die Schweizerinnen vorstellen, wie
sie die Armeespitze ausschalten und mit Panzern und
Pistolen gegen die Männerbastionen in Gericht und Parlament vorgehen? Hätten sich die Bundesrichter aber
friedlich erweichen lassen und einen Erlass fabriziert, so
wäre dies bloß ein schmachvoller und auch noch illegaler
Gnadenakt gewesen und kein tapferer Frauensieg.
Eine Erfolg versprechende Strategie also musste gefunden
werden, die schwerfällige Männer bewegte, sie auf-
schreckte, zermürbte, überlistete oder ihnen für das abge-
gebene Privileg etwas Begehrtes zurückgab; das war den

Frauen nun klar geworden. Sie mussten etwas finden, was diese unbedingt wollten, und sie dann »erpressen«. Ende der fünfziger Jahre zur Zeit des Ungarnaufstands war es so weit. Der Bundesrat wollte die Frauen obligatorisch zum Zivildienst verpflichten. Die engagiertesten Damen wehrten sich und widerstanden: Keine Dienstpflicht ohne Frauenstimm- und -wahlrecht. Damit ertrotzten sie die erste nationale Abstimmung von 1959, die allerdings noch negativ ausfiel. Doch die Schweizerinnen hatten ihre Taktik gefunden.

1969 wollten die Schweizer Männer die europäische Menschenrechtskonvention unterzeichnen, weil sie ja keine Despoten und Tyrannen zu sein begehrten. Doch sie hätten dies nur mit Vorbehalt tun können, denn die Konvention fragte nach gleichen Rechten für Mann und Frau. Wie übel oder gnädig die Rechte in einem Lande waren, wurde nicht gefragt, sie mussten bloß gleich sein. Viel männliche Prominenz war geneigt, mit Vorbehalt zu unterzeichnen. Doch erneut widerstanden die engagierten Schweizerinnen und erklärten unisono: »Keine Menschenrechte ohne Frauenrechte.«

Nach hundertjährigem Kampf begriffen die Schweizer Männer, dass sie verloren hatten. Selbst ein so konservativer Haudegen wie der Appenzeller Raymond Broger hatte genug von diesem »Gschtürm« und plädierte für ein Ja, und zwar aus staatspolitischen Gründen: »Man sollte die Sache jetzt einmal hinter sich bringen! Der unerquickliche Kampf muss beendet werden, damit man mit freier Kraft sich neuen Problemen zuwenden kann ... Ohne Entscheid in der Frauenstimmrechtsfrage in bejahendem Sinn wird es keine Ruhe geben.« Das jahrzehntelange Keine-

Ruhe-Geben hatte sich also gelohnt. Am 7. Februar 1971 war es so weit. Die Schweizer Männer stimmten dem Frauen-stimm- und -wahlrecht zu.

Ich stehe also nicht in Sack und Asche vor Ihnen, sondern stolz im schönsten Siegeskleide. Es war ein langer Kampf, sicher, aber letztlich ein erfolgreicher. Auf diese Weise haben die Schweizerinnen wie keine anderen Frauen eine eigenständige, eine auf sich selbst bezogene und aus eigenen Erfahrungen aufgebaute Geschichte, sie haben nicht bloß einige in die Männerhistorie eingeflochtene Histörchen vorzuweisen.

Ich danke Ihnen fürs Zuhören.

Postscriptum für die Schweizerinnen

Hundert Jahre lang mussten unsere Vorfahrinnen für das Frauenstimm- und -wahlrecht kämpfen. Seit fünfzig Jahren jammern Schweizerinnen, dass es so furchtbar spät eingeführt wurde. Mit Hingabe zelebrieren sie ein Miss-erfolgsnarrativ und sind imprägniert vom Glauben an ihre Niederlage, an ihre Demütigung und an ihre Zweitklassig-keit.

Es ist Zeit, damit aufzuhören.

Demoralisierte Menschen sind nicht motiviert, nicht selbstbewusst genug, eigene, ihren Prägungen angepasste Wünsche zu formulieren. Wieso verlangen Frauen nicht Fortbildungsprogramme, damit sie die Kinderjahre wenn nicht genießen, so doch überbrücken können, um danach bestens weitergebildet und gerade deshalb konkur-

renzfähig und top motiviert wieder in die Berufskarriere einzusteigen? Wieso sollen in Verwaltungsräten Quoten für Frauen eingerichtet werden, statt Quoten für Männer auf Chefetagen zu verlangen, die mindestens fünfzig Prozent der Familienarbeit übernehmen? Wieso schämen sich Frauen, keine Heldinnen zu haben, wenn doch das Heldentum mit seinen Heeres- und Industrieführern so definiert wurde, dass Frauen gar nicht vorkommen konnten? Wieso ist noch heute die Geschichtsschreibung so männlich zentriert, dass auf einem Podium zum Frauenstimm- und -wahlrecht nur Männer sitzen und eine Deutungshoheit verteidigen, bei der sie gut wegkommen? Wieso lassen sich Frauen in die Genderstudienecke drücken, statt alle Wissenschaften zu durchdringen? Wieso sollen Frauen die Männer und ihre Taten, Karrieren und Werke toll finden und nicht umgekehrt? Wieso bringt man es fertig, den späten Zeitpunkt des Frauenstimm- und -wahlrechts immer wieder mangelndem Fraueneinsatz anzulasten und nicht der ängstlich zögernden Mutlosigkeit schwacher Männer?
Fragen über Fragen. Die Antwort liegt im Selbstbewusstsein der Schweizerin.

Zum Beispiel Solothurn

Streiken in einer Kleinstadt

Sarah Probst

»Ich habe nicht einmal gewusst, dass wir das Frauenstimmrecht nicht hatten. Nein, das hat mich gar nicht interessiert
zu dieser Zeit.« Als antiautoritär eingestellte junge Linke
war das Frauenstimmrecht für sie kein Thema, erzählt mir
die 1945 in Solothurn geborene Aktivistin und Politikerin
Miguel Marguerite Misteli. Ich traf sie im Vorfeld des Frauenstreiks 2019. Ausgangspunkt des Gesprächs war aber eigentlich mein Interesse am ersten Frauenstreik 1991 in der
Schweiz, an dem sich eine halbe Million Frauen beteiligten.
Insbesondere wollte ich etwas über die Protestaktionen in
Solothurn wissen. Meine Mutter hat mir zwar oft erzählt, wie
sie am 14. Juni 1991 gemeinsam mit Freundinnen mit dem
Fahrrad in die Stadt fuhr, um sich am Streik auf dem Klosterplatz in Solothurn zu beteiligen. Wer aber waren die Frauen,
die den Streik in dieser Stadt organisiert hatten? Was waren
ihre Anliegen? Wie sahen überhaupt vergangene feministische Bewegungen und Kämpfe in Solothurn aus? In den
Geschichtsbüchern über Stadt und Kanton finden sich keine
Antworten; der feministische Streik und die außerparlamen-
tarischen feministischen Aktivitäten werden kaum erwähnt.
Wie so oft erschließt sich die Geschichte weiblichen Wider-
stands in der Kleinstadt, in der ich aufwuchs, nur über

Umwege. Gespräche mit meiner Mutter und einigen ihrer Freundinnen gaben mir erste Hinweise darauf, wer an der Initiierung des Streiks beteiligt war. Darauf folgten weitere Recherchen. Nach einem Gang ins Gosteli-Archiv, in dem ein großer Teil der Unterlagen des Solothurner Streikkomitees aufbewahrt wird, lässt sich schließlich die folgende Geschichte von einer kaum bekannten feministischen Bewegung erzählen.

Am 14. Juni 1991, zwanzig Jahre nach der Annahme des Frauenstimmrechts, beteiligte sich auch Miguel Misteli an den Protesten in Solothurn. 1977 kandidierte sie als erste Frau und als Vertreterin der POCH (Progressive Organisationen der Schweiz), erwartungsgemäß erfolglos, für den Solothurner Regierungsrat. 1991 wurde sie auf einer Frauenliste in den Nationalrat gewählt. Gleichzeitig beteiligte sie sich an Protesten auf der Straße, was exemplarisch eine zunehmende Vermengung institutioneller feministischer Politik mit Widerstandspraktiken zeigt, die durch die neue Frauenbewegung der siebziger Jahre popularisiert wurden. Im »Jubeljahr« 1991 – die Schweizerische Eidgenossenschaft feierte ihr siebenhundertjähriges Bestehen – sahen viele Frauen »keinen Grund zum Jubeln«, so die damalige Solothurner SP-Nationalrätin Ursula Ulrich-Vögtlin, und bekundeten ihren Unmut über die Diskriminierungen von Frauen durch mannigfaltige Aktionen.

Die Idee des Streiks – ausgehend von Gewerkschafterinnen aus dem Jura – verbreitete sich rasch in der gesamten Schweiz. Überall entstanden kantonale und lokale Streikkomitees, die im Austausch mit dem nationalen Streikkomitee den Aktionstag planten. Neben Gewerkschafterinnen waren insbesondere Feministinnen aus der neuen

Frauenbewegung beteiligt. Hauptgrund für die Mobilisierung war die Nichtumsetzung des Gleichstellungsartikels, der seit 1981 in der Bundesverfassung steht.

In der Stadt Solothurn – als einer der letzten Kantone setzte Solothurn das Frauenstimmrecht 1980 um – trafen sich engagierte Frauen bereits Monate zuvor regelmäßig in den Räumlichkeiten des Kreuzes, der ersten Genossenschaftsbeiz der Schweiz und zentraler Ort der linken Kultur- und Politszene Solothurns. In aufwendiger (Freiwilligen-) Arbeit organisierten sie den reibungslosen Ablauf des Streiktags. Am 14. Juni kamen über tausend Frauen aus der Stadt und den umliegenden Dörfern auf den Klosterplatz, wo die Hauptkundgebung stattfand. Männer kochten für die streikenden Frauen und betreuten die Kinder. Und die Frauenband donne mobili sang: »Frauen, kommt jetzt aus dem Haus, kommt aus euch heraus, spielt nicht länger Katz und Maus, mit der Herrschaft ist es aus.« Aktivistinnen kleideten die männlichen Brunnenfiguren neu ein, violette Luftballons mit dem Frauenstreiklogo und Girlanden schmückten die Altstadt. Straßen erhielten »frauengerechte« Namen – so hieß etwa die Theatergasse »Souffleusengasse« und aus der Rathausgasse wurde die »Hexengasse«. Die Demonstration führt die kämpferische Art des Protests vor Augen. Vor dem Rathaus, wo eine Streikdelegation den kantonalen Forderungskatalog einreichen wollte, brach kurzzeitig Unruhe aus. Da sie von keinem Regierungsrat empfangen wurden, beschlossen erzürnte Aktivistinnen spontan einen »Überfall« auf das Rathaus mit Kreide und Konfetti. Rasch waren Abwart und Staatsschreiber zur Stelle und drohten den Protestierenden mit der Polizei.

Neben der offiziellen Kundgebung fanden in Stadt und

Region auch dezentrale Aktionen von Arbeitnehmerinnen statt. Im Bürgerspital Solothurn gab es Pausen des Protests, in Derendingen streikten am Vormittag alle Primarlehrerinnen und Kindergärtnerinnen, und auch in Alters- und Pflegeheimen legten Angestellte zeitweise ihre Arbeit nieder. Mithilfe eines »Streiktelefons« unterrichteten die Aktivistinnen stetig die Medien und den Schweizerischen Gewerkschaftsbund (SGB).

Im gesamten Kanton hatten sich mehrere Tausend Frauen am Streik beteiligt. Von einer »eigentlichen Streikwelle« könne nicht gesprochen werden, verharmloste die *Solothurner Zeitung*. Schweizweit sprachen die Medien dem Frauenstreik den politischen Charakter ab, stellten die Proteste als »großes Fest« oder »fröhliche Happenings« dar. Das lag nicht zuletzt an einem Streikverständnis, das bis heute in der Geschichtsschreibung wirkmächtig ist und unter Streik ausschließlich die Verweigerung von vertraglich vereinbarter abhängiger Arbeit versteht, wie die Historikerin Brigitte Studer darlegt. Am 14. Juni 1991 streikten jedoch nicht nur Arbeitnehmerinnen, sondern auch Hausfrauen, Mütter, Bäuerinnen, Ehefrauen – und eigneten sich den Begriff »Streik« selbst an. In der Tradition feministischer Kritik – erinnert sei an Forderungen von Sozialistinnen um 1900 oder an die internationale Kampagne »Lohn für Hausarbeit« in den siebziger Jahren – zeigt sich am Frauenstreik eine Infragestellung des herkömmlichen Arbeitsbegriffs. Auf dem Klosterplatz in Solothurn war neben der Lage von Migrantinnen in der Schweiz und der Ausbeutung von Frauen im globalen Süden der Begriff der Arbeit prominentester Gegenstand der Kritik. Unter »Arbeit« verstanden die Rednerinnen weit mehr als Lohnarbeit. Der unterschiedliche

Zugang von Frauen und Männern zum Erwerbsarbeitsmarkt war ebenso Thema wie die Forderung, weibliche Freiwilligen-, Haus- und Betreuungsarbeit aufzuwerten. Françoise Kopf, Präsidentin des Mütterzentrums Solothurn, brachte es auf den Punkt: »Während Lohnarbeit hohes Ansehen genießt und bezahlt wird, wird die freiwillige Arbeit von Frauen weder honoriert noch gesellschaftlich anerkannt. Das ist im höchsten Maß paradox und ungerechtfertigt. Denn die Gratisarbeit von Hausfrauen und Müttern ermöglicht erst unseren Männern ihrem Beruf nachzugehen und Karriere zu machen. Frauen liefern die Infrastruktur und den Grundstein zur Berufsarbeit der Männer. Zudem garantieren sie die zukünftige Existenz des Staates, indem sie Kinder in die Welt setzen und großziehen.«

An der Geschichte des Frauenstreiks in Solothurn zeigt sich nicht nur eine kreative und kämpferische Umsetzung feministischer Kritik über die Aneignung des öffentlichen Raums. Der Frauenstreik lässt sich gleichzeitig als eine Geschichte des Empowerment in einer Kleinstadt erzählen. Kurz nach dem 14. Juni konstatierte die kantonale Streikkoordinatorin Silvia Briner, der Aktionstag habe den Frauen »ein neues Selbstbewusstsein« verliehen. Kurz nach dem Streik wurde in Solothurn eine Vielzahl neuer feministischer Projekte ins Leben gerufen. Bereits im Frühjahr 1992 gab es mehrere autonome Frauengruppen. Das ehemalige Solothurner Streikkomitee, unter dem Namen »Frauen 14. Juni« weiter aktiv, unterstützte die neuen Gruppen und sicherte ihnen finanzielle Hilfe zu. Als Reaktion auf eine Vergewaltigung entstand die Gruppe »Frauen wehren sich«, die Selbstverteidigungskurse anbot. Zur politischen Frauenbildung formierte sich die Gruppe »Frauen am Ruder(n)«. Der

FrauenRAT organisierte regelmäßigen Austausch zwischen gewählten Politikerinnen und »interessierten Frauen aus der Basis«. Im März 1992 wurden zudem die FrauenFilmtage in Solothurn veranstaltet. Der Streik von 1991 war in vielerlei Hinsicht Auslöser für das neue Engagement für eine alte Sache. Die Forderung nach eigenen Räumlichkeiten kam im Projekt »FrauenBeiz« zum Ausdruck, das auf der Rückfahrt von einer nationalen Streiknachbereitungssitzung entstand. Bald darauf wurde die FrauenBeiz im Begegnungszentrum Altes Spital eingerichtet. Das Bedürfnis nach frauenspezifischen Angeboten wuchs. Es wurde der Verein Frauenzentrum Solothurn gegründet. Im November 1993 öffnete das Frauenzentrum (FZ) als selbstverwaltetes Kultur- und Begegnungszentrum von und für Frauen. Als geschützter Raum konzipiert, war Männern der Zutritt einzig aus »finanziellen Gründen« erlaubt. Mindestens drei Viertel aller Veranstaltungen sollten ausschließlich Frauen zugänglich sein. In Anlehnung an das US-amerikanische Konzept des Consciousness Raising, das sich in den siebziger Jahren auch in der Schweiz verbreitete, war das FZ ein Ort der Ermächtigung für Frauen. Sie konnten sich informieren und gegenseitig bestärken, diskutieren und Veranstaltungen organisieren. Die Themen waren breit. In der Anfangszeit fanden etwa Veranstaltungsreihen zu »Frau – Gesundheit – Körper« oder »Gelebte Frauensolidarität« statt. Aktivistinnen berichteten über weibliche Armut, und Miguel Misteli, die mit ihren Einkünften als Ratsmitglied im FZ einen Raum für ein Frauenbüro mietete, informierte vor den Nationalratssessionen regelmäßig über aktuelle frauenpolitische Angelegenheiten. Daneben wurde diskutiert, gekocht, getanzt, gefeiert, wurden Velos geflickt, Räume renoviert und vieles mehr.

»Freude, dass ich wieder mit dabei bin. Frust, dass wir immer noch streiken müssen«, so Miguel Misteli in ihrer Rede beim feministischen Streik 2019. Die Forderung nach einem kantonalen Gleichstellungsbüro etwa wurde am 14. Juni 2019 immer noch gestellt. Die Streikbewegung 2019 knüpfte auch in Solothurn in vielerlei Hinsicht an 1991 an – von der Wiederaneignung des Streikbegriffs über die Kritik an der herkömmlichen Konzeption von Arbeit bis zu vielfältigen Widerstandspraktiken und dem Empowermentgedanken. Gleichzeitig war der Streik 2019 Resultat eines Feminismus, der antirassistisch, antikapitalistisch und queer ist. »Weil es nicht reicht« – so eine junge Aktivistin in Erinnerung an die französische Anarchistin Louise Michel –, »einzig Hierarchien zwischen Männern und Frauen zu kritisieren, ohne gleichzeitig gegen jegliche Ausbeutung und strukturelle Diskriminierung zu kämpfen.«

Wie sag ich's meinen Enkelinnen?

LOTTA SUTER

Wie sage ich es meinen Kindern beziehungsweise meinen in den USA lebenden Enkelinnen, zehn und dreizehn Jahre alt, dass es in der Schweiz noch kein Frauenstimmrecht gab, als ich so alt war wie sie jetzt?

Ich vermute, die ältere der beiden schreibt diese Tatsache einfach den merkwürdigen Sitten in der »alten Zeit« zu, womit sie großzügig die ganze Menschheitsgeschichte bis zu ihrer eigenen Geburt zusammenfasst. Leuten, die Telefone mit Schnüren benutzen und auf klapprigen Schreibmaschinen tippen, ist allerhand zuzutrauen, auch exotische Männerbünde. In ihrem Alter ist die Vorstellung, ohne iPad und Internet, ohne Musikvideos und Chatrooms auskommen zu müssen, weitaus schrecklicher als ein Leben ohne Frauenstimmrecht.

Vielleicht sollte ich sie daran erinnern, dass den Schweizerinnen vor fünfzig Jahren weitaus mehr als politische Rechte vorenthalten wurden. Ich selber war, wie man das damals nannte, ein burschikoses Mädchen, und mir schien, als wolle man mir alles verbieten, was Spaß macht. Es gab keine weiblichen Fußballteams. Der Alpenclub SAC nahm keine Frauen auf. Die Swissair stellte keine Linienpilotinnen an (mein damaliger Traumberuf). Im Orchester der Wiener Philharmoniker saß keine einzige Geigerin. Selbst in der

Schule musste ich dafür kämpfen, dass die Mädchen nicht nur Strümpfe stopfen mussten, sondern auch wie die Buben Linolschnitte schnitzen und Architekturmodelle entwerfen durften. Solche Alltagsdiskriminierungen gehen auch einem Teenager unter die Haut.

Die jüngere Enkelin ist noch voll kindlicher Neugier. Sie will bestimmt als Erstes wissen: warum? Warum haben die Männer die Frauen vom Stimmrecht ausgeschlossen? Das ist eine einfache Frage und daher schwierig zu beantworten.

Meine Mutter und die meisten ihrer gutbürgerlichen Freundinnen waren mit Recht beleidigt, dass man sie von der Urne fernhielt, bloß weil sie keinen Penis hatten. Sie sagten oft und gern, jeder Bauerntölpel könne in der Schweiz abstimmen, während selbst einer hochgebildeten Frau dieses Recht verwehrt sei. Bauerntölpel? Ich dachte dann immer an meine Großmutter und ihre zahlreichen Brüder und Schwestern. Sie alle mussten auf dem kargen Hof der Kleinbauernfamilie mitarbeiten und konnten nur wenige Jahre zur Schule gehen. War ihre politische Meinung und Stimme deshalb weniger wert als das Votum einer Frau Professorin?

Das demokratische Ideal ist eindeutig: »Alle Schweizer sind vor dem Gesetze gleich. Es gibt in der Schweiz keine Untertanenverhältnisse, keine Vorrechte des Orts, der Geburt, der Familie oder Personen.« So stand es schon in der schweizerischen Bundesverfassung von 1848. Doch als die erste promovierte Juristin der Schweiz, Emily Kempin-Spyri, aufgrund dieses Verfassungsartikels 1886 das Aktivbürgerrecht für sich beanspruchte, damit sie ihren Beruf als Anwältin ausüben könne, winkte das Bundesgericht ab. Wenn die

Rekurrentin meine, die Bundesverfassung postuliere die volle rechtliche Gleichstellung der Geschlechter »so ist diese Auffassung ebenso neu als kühn; sie kann aber nicht gebilligt werden«. Es stellt sich heraus, dass die erste Bundesverfassung der Eidgenossenschaft mit dem Ausdruck »alle Schweizer« je nachdem Männer *und* Frauen (Steuerzahlende) oder aber ausschließlich Männer (mit politischen Rechten) meinte – ganz wie es der »herrschenden Rechtsanschauung« grad in den Kram passte. Und das fast hundert Jahre lang. Im Februar 1971 wurde das Frauenstimmrecht zwar von den Männern an der Urne angenommen, erst am 14. Juni 1981 jedoch wurde das Prinzip der gleichen Rechte von Mann und Frau in der Bundesverfassung verankert, und 1996 wurde das Gleichstellungsgesetz nachgeschoben. Doch der große Frauenstreik von 2019 zeigt, dass die Gleichberechtigung der Geschlechter in der Praxis immer noch hart erkämpft werden muss.

Meine Enkelinnen haben in der Schule natürlich gelernt, dass die USA als erstes Land allgemeine Menschenrechte proklamierten. Und dass das Frauenstimmrecht in den Vereinigten Staaten, ähnlich wie in den meisten europäischen Ländern, bereits vor hundert Jahren eingeführt wurde. Sind die USA also ein emanzipierteres Land?

Die Unabhängigkeitserklärung, mit der sich dreizehn britische Kolonien in Nordamerika am 4. Juli 1776 von Großbritannien lösten, hat die Gleichberechtigung und Gleichwertigkeit aller Menschen als »selbstverständlich«, das heißt als gott- oder naturgegeben, vorausgesetzt. Doch auch in diesem Fall war die Auffassung, dass grundlegende demokratische Rechte wirklich für alle Menschen gelten sollten (und nicht nur für weiße Gutsbesitzer), zu neu und zu kühn.

In den Vereinigten Staaten war es der Sklave Dred Scott, der 1857 ans Oberste Gericht gelangte, um seinen Status als Bürger der jungen Nation und damit auch seine Freiheit zu erstreiten. Das Bundesgericht entschied mit 7 zu 2 Stimmen, dass schwarze Menschen, ob versklavt oder frei, in der Gründungsurkunde selbstverständlich nicht mitgemeint seien. Benjamin Curtis, einer der zwei abweichenden Richter, wies seine Kollegen darauf hin, dass Afroamerikaner in fünf der dreizehn ursprünglichen Bundesstaaten stimmberechtigt gewesen seien. Die Verweigerung der Bürgerrechte für Dred Scott sei »eher eine Frage des Geschmacks als des Gesetzes«, sagte Curtis und trat als bis heute einziger Bundesrichter der USA aus Protest von seinem hohen Amt zurück. Nach dem blutigen Bürgerkrieg von 1861 bis 1865 wurde in den USA die Sklaverei abgeschafft, und den ehemaligen Sklaven wurden in der Verfassung politische Rechte zugesprochen. Doch erst das von der Bürgerrechtsbewegung erkämpfte Wahlrechtsgesetz von 1965 sicherte auch praktisch das Stimmrecht der nicht weißen Wählerinnen und Wähler. Und bis heute müssen Angehörige ethnischer Minderheiten in den USA um ihre politische Gleichberechtigung kämpfen.

Das ist eine ziemlich lange Antwort auf die Frage, warum man die Frauen in der Schweiz so lange vom Stimmrecht ausgeschlossen hatte. Die Kurzfassung lautet: Mann tat es, weil mann es tun konnte. Die Schweiz und die USA sind stolz darauf, die ältesten Demokratien der Neuzeit zu sein. Doch wie in allen späteren Demokratien oder demokratienahen politischen Systemen haben auch hier diejenigen, die bei der Gründung viel Macht besaßen, dafür gesorgt, dass sie die Herrschaft nicht mit allzu viel Volk teilen mussten. Zum

Beispiel mit Besitzlosen. Mit Frauen. Mit Aborigines oder Inuit. Mit ehemaligen Sklaven. Mit Menschen anderer Hautfarbe oder Religion. Die Liste der von den politischen Rechten Ausgeschlossenen ist ziemlich lang.

Die Frauen sind eine große und wichtige, aber nicht die einzige Bevölkerungsgruppe, der die politische Mitsprache lange Zeit verwehrt wurde. Und zwar stets mit den gleichen abstrusen Argumenten. Frauen – oder Indigene oder besitzlose Menschen – seien den Anforderungen der Demokratie nicht gewachsen. Sie seien zu emotional. Zu kindlich naiv. Zu weltfremd. Zu wenig vernünftig. Ich selber hatte vor fünfzig Jahren noch gemeint, beweisen zu müssen, dass Frauen gleich viel wert und gleich fähig sind wie die Männer. Meine Enkelinnen setzen das – in einer Zeit zunehmend fließender Geschlechteridentitäten – ganz einfach voraus. Sie können sich zum Glück nicht mehr vorstellen, dass das Stimmrecht die Frauen vermännlichen, die Mütter herzlos machen und die Familienharmonie zerstören könnte. Was natürlich nicht heißt, dass es heute keine Diskriminierung mehr gibt. Aber diese junge Generation von Frauen bittet nicht mehr artig um Gleichberechtigung. Sie stellt Forderungen.

Das halte ich selber heute auch so. Deshalb beantrage ich anlässlich des Jubiläums »50 Jahre Frauenstimmrecht in der Schweiz« politische Rechte für alle Menschen, die in der Schweiz leben und arbeiten und Steuern zahlen, unabhängig von ihrem Aufenthaltsstatus. Es gibt keinen guten Grund, Ausländerinnen und Ausländer (der ersten, zweiten und dritten Generation …) von der demokratischen Mitsprache auszuschließen. Auch sie gehören zum Volk. Die Geschichte des Frauenstimmrechts ist für mich nicht Anlass für den nostalgischen Blick zurück, sie ist eine solide Startrampe für die nächsten Schritte zu einer noch umfassenderen Demokratie. Immerhin heißt es seit 2000 in der schweizerischen Bundesverfassung: »Alle Menschen sind vor dem Gesetze gleich.« Dieses uneingeschränkte Ideal versteht jedes Kind.

Einen Schnaps auf das Frauenstimmrecht

Silvia Binggeli

»Mutter, geh rein! In deinem Zustand hast du hier draußen nichts verloren.«

So herrschte der Nachbar seine schwangere Frau an, als sie sich vor dem Haus im Dorf zu ihm gesellen wollte, wo er mit Passanten einen Schwatz hielt. Die Frau war weder krank noch schwach. Sie erwartete bloß ihr zweites Kind. Doch »ihrem Zustand« war anzusehen, dass sie und ihr Mann weit mehr taten, als gemeinsam zu Abend zu essen. Das sollte in der konservativen Gesellschaft der sechziger Jahre niemand mitbekommen. Schwangerschaft war wie die restliche Beziehung zwischen den Geschlechtern Privatsache. Selbst wenn ironischerweise der Mann der Frau genau diese Rolle auch gesellschaftlich zuordnete: Kochen und Kinder kriegen. Aber eben bitte im Stillen.

Meine Großmutter hat mir diese Begebenheit erzählt, als ich etwa sechs Jahre alt war. Ich muss daran denken, wenn ich mich frage, was mir meine Stimme eigentlich bedeutet. Seit fünfzig Jahren dürfen wir Frauen in der Schweiz wählen, gesellschaftlich und politisch die Zukunft mitbestimmen. Das ist etwas länger, als es mich gibt. Schön. Und gut? Aber inwiefern definiert dieses geschriebene Recht, wie ich denke, handle und rede?

Als Kind bat ich meine Großmutter oft, mir von früher

zu erzählen. Die Erinnerungen an die Stationen ihres Lebens waren für mich wie ein Abenteuerroman, der nach immer neuen Episoden verlangte. Sie war wie jene Nachbarin theoretisch gefangen im engen Korsett der devoten Hausfrau und Mutter. Doch in ihr schlummerte mehr. Als jüngstes von zehn Kindern hatte sie rebelliert, als sie nicht mit den älteren Geschwistern zur Schule gehen durfte. Später heiratete sie einen Mann, in den sie sich im Religionsunterricht verliebt hatte, und schmiss danach die Mühle, die er, mein Großvater, nicht zu ihrer größten Freude hatte aufbauen wollen. Da der Müller oft mit dem Betriebscamion unterwegs war, mussten die Bauern, die daheim das Korn vorbeibrachten, wohl oder übel mit ihr, der Frau, das Geschäftliche regeln. Großmutter hatte sich die Buchhaltung selber beigebracht und mit knapp vierzig Jahren Autofahren gelernt, als eine der ersten Frauen im Ort. Sie donnerte danach beunruhigend schnell über die Straßen.

Von Simone de Beauvoir habe ich meine Großmutter nie sprechen hören. Auch Marthe Gosteli hat sie in ihren Erzählungen nicht erwähnt, obwohl die Schweizer Frauenrechtlerin wie sie eine Bauerntochter war, 1917 geboren fast denselben Jahrgang hatte und sich maßgeblich für das Frauenstimmrecht einsetzte. Wahrscheinlich hat meine Großmutter am 7. Februar 1971 nicht mit Champagner auf das Mitspracherecht der Schweizerinnen angestoßen oder mit Schnaps, was besser zu ihr gepasst hätte. Bis weit über neunzig bemerkte sie in unseren Gesprächen immer wieder, dass sie doch eigentlich niemand sei. Zu meinem großen Ärger war diese Geringschätzung der eigenen Leistungen nicht aus ihrem Denken zu kriegen – dabei hatte sie ein Leben lang anders gehandelt und mich geprägt. Immer wieder sagte sie mir, vielleicht auch sich selbst: »Du kannst alles. Du musst es nur machen.« Ihre Erzählungen waren frei von unmittelbaren Wertungen. Aber sie provozierte mich mit der Wahl ihrer Geschichten, wie mit jener vom herrischen Nachbarn und seiner schwangeren Frau. Natürlich fragte ich nach: »Aber warum hat der Mann seine Frau nicht einfach draußen bleiben und mitreden lassen?« Sie platzierte ihre Überzeugung nachhaltig: »Weil er meinte, er könne über sie bestimmen. Und das ist falsch.«

Heute lebe ich das Leben einer selbständigen Frau. Ich verdiene mein eigenes Geld, reise um die Welt, diskutiere mit Leuten in verschiedenen Sprachen, ohne Scheu und Zweifel. Ich erhebe meine Stimme in kontroversen Gesprächen ebenso laut wie alle anderen Frauen und Männer im Raum. Oder lauter. Unterwegs habe ich mich nie gefragt, was mich als Frau bremsen könnte. Damit zolle ich meiner Großmutter Respekt und auch meiner Mutter, die als Alleinerziehende immer gearbeitet und dafür gesorgt hat, dass mir alle Türen offen stehen. Ich fühle mich gleichberechtigt.

Und doch stehe ich manchmal sprachlos da, insbesondere in männlich dominierten Runden. Wenn mich etwa ein Kollege in einer Sitzung auf ein angeblich weibliches Defizit reduziert und meine Rede nonchalant abklemmt mit: »Ach, du nimmst das wieder viel zu persönlich.« Dann verstumme ich immer mal wieder. Obwohl ich es besser weiß! Und frage mich insgeheim: Stimmt es, nehme ich die Dinge zu persönlich? Als ob ich mich irgendwo in der zweiten Reihe sähe, als ob mich jemand in die Schranken verweisen dürfte.

Meine Coach hat mir mal einen wertvollen Rat mitgegeben: »Du musst die Regeln in diesen Runden nicht mögen. Aber du musst sie kennen, um sie zu durchbrechen.« Also übe ich mich in prompten Antworten und entgegne dem Kollegen, der mich für zu emotional hält: »O ja, danke. Hast du mir ein Taschentuch? Und bitte reich doch gleich noch deine sachlichen Argumente nach.« Und wenn mich ein anderer nach einer Präsentation überrascht lobt mit: »Hey, du hast ja richtig gute Ideen«, sage ich: »Danke, du auch. Dabei siehst du dafür eigentlich zu gut aus.«

Nein, ich will nicht in jedem Kompliment zu meinem Äußeren Diskriminierung sehen, ebenso wenig Männern ständig unterstellen, dass sie mir zu wenig zutrauen. Ich will auch mal herzhaft über einen klischierten Witz lachen können, egal, ob er in Richtung Mann oder in Richtung Frau zielt. Sonst wird das Leben wirklich zu anstrengend. Aber ich will aufmerksam bleiben. Denn bei untergründigen Mustern, die uns über Generationen antrainiert wurden, liegt der Teufel im Detail. Gesetzlich dürfen wir Frauen wählen. Und die Gesellschaft mitbestimmen. Doch in der Realität stehen wir immer noch zurück. Frauen erledigen die Hausarbeit – unbezahlt. In Führungspositionen sind sie peinlich schlecht vertreten und verdienen generell weniger als die Männer. Das, obwohl seit 1996 ein Gleichstellungsgesetz das Gegenteil regelt. Ich würde ja gerne den Männern die alleinige Schuld geben und den Voraussetzungen, die sie schaffen und kumpelhaft aufrechterhalten. Doch das geht viel zu wenig weit. Auch fortschrittlich denkende Männer werden immer noch benachteiligt. Der gesetzlich bezahlte Vaterschaftsurlaub liegt bei knappen zwei Wochen – ein längerer war bisher nicht durchzusetzen. Will ein Mann Karriere machen und gleichzeitig sein Pensum schon nur auf achtzig Prozent reduzieren, um Familienaufgaben zu übernehmen, muss er in vielen Unternehmen den Chef, der das unterstützt, erst noch finden. Dann reduziert halt doch wieder die Frau. Sie verdient ja eh weniger. Gesetze mögen den Frühling in der Gleichberechtigung bringen. Aber damit in der Sache endlich der Sommer kommt, brauchen wir Eigenverantwortung.

Im Juni 2019 gingen Tausende von Schweizerinnen und Schweizern auf die Straße und forderten in einem landesweiten Streik die Umsetzung des Gleichstellungsgesetzes. Wenige Monate später stieg bei den Parlamentswahlen der Frauenanteil im Nationalrat von 32 auf 42 Prozent, unter anderem dank einer Liste mit Kandidatinnen, die sich nicht nur fachlich bestens für das Amt eignen, sondern die auch in der ersten Reihe mitbestimmen wollen. Die Liste hatten engagierte parteiübergreifende Initiantinnen und Initianten zusammengestellt.

Der neue Feminismus – er geht mir manchmal auf den Keks, wenn er scheinbar nichts anderes will, als sich mit trendigen T-Shirts Meinungen überzustreifen, um sich in den sozialen Medien publikumswirksam zu inszenieren. Aber vor allem freue ich mich über die mittlerweile vielen vereinten lauten Stimmen in der Gleichstellung. Sie sind nötig. Und sie geben mir die Chance, auch meine Stimme immer wieder neu zu schärfen – in einer Männerrunde, die sich vor Selbstreflexion drückt. Aber auch unter Weggefährtinnen, die von mir uneingeschränkte Solidarität nach eigenem Gusto verlangen und sich aufregen, weil ich die Frauenquote zwar als möglichen Weg für die Veränderung sehe, aber nicht als die ultimative Lösung – und sie deshalb nicht aktiv unterstütze. Schließlich haben wir uns nicht von den Männern emanzipiert, um uns nun untereinander vorzuschreiben, wie wir unsere Stimmen zu erheben haben. Hauptsache, wir handeln.

Mir gefällt, wie selbstverständlich die nächste Generation von Frauen die eigene Rolle in der Gesellschaft lebt. Wenn junge Kolleginnen schon nach wenigen Monaten im Job ungeduldig den nächsten Karriereschritt verlangen, obwohl die Tinte der letzten Beförderung auf dem Vertrag kaum getrocknet ist, fühle ich mich manchmal überfordert. Und gleichzeitig erleichtert: Die Geister, die wir riefen, haben nicht mehr das Gefühl, dass sie als Frau abwarten und sich doppelt beweisen müssen, um zu reüssieren. Sie lassen sich nicht ins Haus zurückschicken. Sondern schleppen den Partner mit ins Schwangerschaftsyoga. Und sie erinnern mich mit ihrer Nonchalance an etwas, von dem ich dachte, dass ich es längst kapiert hätte: Dass ich meine Stimme nicht erhebe, weil ich kann. Auch nicht, weil irgendjemand sagt, ich müsse. Sondern weil ich es will.

Soll ich also die Korken knallen lassen auf fünfzig Jahre Frauenstimmrecht? Nein, dafür kam das Gesetz im weltweiten Vergleich hier viel zu spät. Anstoßen werde ich aber herzhaft auf all die Kämpferinnen, die sich im Vorfeld dafür eingesetzt haben, obwohl sie das noch nicht durften. Auf die in den Geschichtsbüchern und jene, die wie meine Großmutter zu oft an sich zweifelten und dennoch beängstigend schnell über die Straßen donnerten. Ich trinke einen währschaften Schnaps darauf, dass es bald keine Rolle mehr spielt, ob ein Mann oder eine Frau etwas sagt. Sondern nur noch, ob die Stimme schlau, lustig, wertvoll oder nachhaltig ist. Denn darum geht es.

Die Pionierinnen motivieren bis heute

BARBARA MARTI

»In der Frauenfrage, wissen Sie, da komme ich mir schon seit Jahrzehnten wie ein Wiederkäuer vor«, schrieb die deutsche Frauenrechtlerin Hedwig Dohm vor über hundert Jahren. Ähnlich mag es den Pionierinnen ergangen sein, die in derselben Zeit in der Schweiz für das Frauenstimm- und -wahlrecht kämpften. Doch sie ließen sich trotz geringer Erfolgsaussichten nicht entmutigen.

Ein gemeinsames Ziel
In der zweiten Hälfte des 19. Jahrhunderts forderten die ersten Frauen in der Schweiz das Stimm- und Wahlrecht. Ihr Werdegang, ihre Motivation und ihre Vorgehensweise waren unterschiedlich, doch sie hatten ein gemeinsames Ziel. Der Widerstand der Schweizerinnen und Schweizer war groß. Viele hielten damals die Forderung nach dem Frauenstimmrecht für unangebracht. Andere fanden sie verfrüht und deshalb taktisch unklug. Doch die Pionierinnen blieben bei ihrer Forderung.

Pionierinnen in der Westschweiz
Zu ihnen gehörte die Genferin Marie Goegg-Pouchoulin (1826–1899). Sie initiierte 1868 die Gründung der Association internationale des femmes, eine der ersten internationalen

Frauenorganisationen. In ihrer Gründungsansprache forderte sie als eine der Ersten in der Schweiz das Frauenstimm- und -wahlrecht.

Camille Vidart (1854–1930), Sprachlehrerin aus Genf, engagierte sich früh in der International Woman Suffrage Alliance. Dieser Weltbund für Frauenstimmrecht konstituierte sich 1904 in Berlin. Auch andere Kämpferinnen für das Frauenstimmrecht in der Westschweiz hatten Kontakte zu Vertreterinnen von Frauenstimmrechtsbewegungen im Ausland und ließen sich von diesen inspirieren.

Die Gründung von Schweizer Stimmrechtsvereinen, die Anfang des 20. Jahrhunderts in großen Städten entstanden, wird auf diesen Einfluss zurückgeführt. So gehörte 1907 Vidart zu den Mitgründerinnen des Genfer Frauenstimmrechtsvereins Association genevoise pour le suffrage féminin. Sie war auch dabei, als 1909 der Schweizerische Verband für Frauenstimmrecht ins Leben gerufen wurde.

Pionierinnen in der Deutschschweiz

In der Deutschschweiz gehörte Meta von Salis (1855–1929), die erste promovierte Historikerin der Schweiz, zu den Pionierinnen. 1887, fast zwanzig Jahre nach der Ansprache von Goegg-Pouchoulin, schrieb sie einen Artikel für die Neujahrsausgabe der demokratischen Tageszeitung *Züricher Post*. Unter dem Titel »Ketzerische Neujahrsgedanken einer Frau« forderte sie das Stimm- und Wahlrecht für Frauen. Als eine der Ersten argumentierte von Salis, aufgrund liberaler Rechtsvorstellungen, mit gleichen Rechten und Pflichten.

Auch die Zürcherin Klara Honegger (1860–1940) gehörte zu den Pionierinnen für das Frauenstimmrecht. Sie war unter anderem Präsidentin der Union für Frauenbestrebungen Zürich und 1909 Gründungsmitglied des Schweizerischen Verbands für Frauenstimmrecht. Die promovierte Lehrerin Emma Graf (1865–1926) war Präsidentin des Frauenstimmrechtsvereins Bern und des dortigen Aktionskomitees für das Frauenstimmrecht in Gemeindeangelegenheiten. In dieser Funktion konnte sie sogar einen bescheidenen Erfolg verbuchen. Das Aktionskomitee war im Hinblick auf eine Abstimmung der Burgergemeinde Bern 1916 gegründet worden. In der Abstimmung gestand die Burgergemeinde dann den Frauen das passive Wahlrecht in Kommissionen zu.

Minderheit in der Frauenbewegung

Zu den Kämpferinnen für das Frauenstimm- und -wahlrecht um die Jahrhundertwende gehörten noch weitere Frauen, doch sie waren eine kleine Minderheit in der schweizerischen Frauenbewegung. Nach ihrem Tod sollte es noch Jahrzehnte dauern, bis die Frauen das volle Stimm- und Wahlrecht auch auf eidgenössischer Ebene erhielten. Vermutlich ahnten das einige der Pionierinnen. Als Camille Vidart 1930 starb, war sie angeblich von den Misserfolgen einiger kantonaler Abstimmungen über das Frauenstimmrecht und von zwei schubladisierten Vorstößen aus dem Nationalrat total frustriert. Andere hingegen gingen offenbar davon aus, dass sie kurz vor dem Ziel standen. Marie Goegg-Pouchoulin sei 1899 in dem »glücklichen Irrtum« gestorben, dass die Gleichberechtigung der Frauen in der Schweiz unmittelbar bevorsteht, schreibt Susanna Woodtli in ihrem Pionierwerk über das Frauenstimmrecht.

Inspirierende Pionierinnen

Der Kampf für das Frauenstimmrecht zeigt beispielhaft, dass es mehrere Generationen dauern kann, bis ein emanzipatorisches Anliegen sich durchsetzt. Hedwig Dohm kannte den Grund: »Es liegt an der Taktik unserer Gegner, die wieder und wieder dieselben Behauptungen aufstellen, unter absoluter Ignorierung unserer Widerlegungen, und uns damit nötigen, das zehnmal Gesagte noch einmal zu sagen.« Der Rückblick zeigt aber auch, dass es sich lohnte, allen Widrigkeiten zum Trotz für das Frauenstimm- und -wahlrecht zu kämpfen. Deshalb sind die Pionierinnen in ihrem Willen, sich für gleiche Rechte zu engagieren und »das zehnmal Gesagte noch einmal zu sagen«, bis heute motivierend.

Chapeau, Frau Gisler Truog!

REGULA BÜHRER FECKER

Als die Schweizer Frauen 1971 das eidgenössische Stimm- und Wahlrecht erhielten, war ich noch nicht auf der Welt. Eine Welt, in der wir Frauen nicht wählen dürfen, die kenne ich nicht. Vielleicht ist das der Grund, dass ich heute Gleichberechtigung als selbstverständlich und gegeben betrachte. Ich weiß, ich weiß, das wirkt, als ob ich die enorme Vorarbeit der Frauen, auf deren Schultern wir heute stehen, nicht genügend schätzte. Au contraire!

Wenn mir als Schweizer Werberin etwas klar ist, dann das: Es ist schwer, eine Stimmung und eine Meinung in unserem Lande zu verändern. Siehe das jüngste Beispiel: Klimawandel. Ein kleines bisschen träge sind wir schon, wir Schweizerinnen – und damals ja vor allem Schweizer.

Plus ou moins könnte man sagen, dass es mehr als sechzig intensive Jahre brauchte, um die Meinung der Schweizer Stimmbürger zu einem Ja zu drehen. Denn Einstellungen sind so richtig zäh.

Umso mehr ziehe ich meinen Hut vor einer Frau, die maßgeblich zum Erfolg von 1971 beigetragen hat: Doris Gisler Truog, die Grande Dame der Schweizer Werbung. Doris Gisler Truog leitete 1969 die Kampagne zur Abstimmung über das Frauenstimmrecht der Stadt Zürich. Danach führte sie auch zur kantonalen und zur eidgenössischen Vorlage je eine Kampagne durch.

Werbestrategisch entschied sie sich damals, nicht die eingefleischten Gegner direkt anzusprechen – sie zu überzeugen wäre ein Ding der Unmöglichkeit gewesen. Gisler Truog sagte in einem Interview über ihre Strategie: »Es ging mir vor allem darum, die Gegner nicht zu reizen, indem ich nochmals etwas bringe, was zu einer ablehnenden Reaktion führen würde.« Wenn man Feuer und Flamme für eine Sache ist, will man oft mit dem Kopf durch die Wand. Damit erreicht man aber in der Kommunikation meist das Gegenteil, nämlich Skepsis oder Ablehnung. Gisler Truog setzte bewusst auf eine andere Strategie. Sie sprach auf ihren Plakaten, Postkarten, Flugblättern und Plastiktüten sowie in Inseraten – ja, wie soll ich sagen, fast liebevoll die Männer an. »Verlangen wir Frauen zu viel von euch?« war eine der Schlagzeilen, die sich einprägten. Das Herzstück ihrer Kampagne war ein Plakat mit einer männlichen Hand, die den Frauen einen Blumenstrauß entgegenstreckt, und der Slogan lautete: »Den Frauen zuliebe ein männliches Ja«.

Als Gisler Truog dieses Plakat im parteiübergreifenden Komitee vorstellte, argumentierten einige Frauenrechtlerinnen dagegen. Sie meinten, dass man um ein Recht nicht bitten sollte. Ich kann das nachvollziehen. Heute wäre eine solche Strategie undenkbar. Aber damals waren die Männer die Gatekeeper, und es galt, sie umzustimmen. Dass Gisler Truog sich darauf konzentrierte, das Komitee von ihrer Idee überzeugen konnte und sie strategisch dann so geschickt umsetzte, finde ich grandios.

Hut ab, Frau Gisler Truog! Denn ohne Frauen wie Sie und Ihren Einsatz wäre vieles, was Frauen wie ich heute als selbstverständlich betrachten, einfach nicht möglich geworden.

Späth-Sommer 1959

ANGELIKA WALDIS

Manchmal wird die kleine Stadt zu klein. Dann fährt sie in die große Stadt, ohne zu wissen, wozu. Dem Mann sagt sie davon nichts. Er denkt, sie sei im Frauenverein, im Frauenlokal über der Verbandsmolkerei. Da kann man montags, mittwochs und freitags reden, wenn man eine Frau ist. Man muss dazu allerdings stricken oder Aschenbecher bemalen. Wenn sie durch die große Stadt schlendert, stellt sie sich vor, sie müsse sich beeilen, sonst komme sie zu spät ins Büro und der Chef schimpfe sie aus und sie verliere ihre Stelle und sie könne ihre Zweizimmerwohnung nicht mehr bezahlen. Sie hat keine Zweizimmerwohnung, keine Stelle, keinen Chef. Sie hat einen Ehemann. Herrn Späth.

Theodor Späth. Theo.

Hätte sie eine Zweizimmerwohnung, gäbe es da ein gerahmtes Foto von Sohn Beat an seinem zwanzigsten Geburtstag, einen Schuhschrank mit ihren ordentlich eingereihten acht Paar Schuhen, sauber aufeinandergestapelte Zeitschriften, keine Vorhänge, dafür vielleicht einen Baum vor dem Fenster. Es gäbe einen Sessel, wie Theo einen hat, und darauf eine knallrote Decke. Theo mag Rot nicht und mag nicht, wenn sie auf seinem Sessel sitzt. Theo will dünne und dicke Vorhänge. Er findet, dass zwei Paar Schuhe reichen und dass Zeitschriften hinausgeworfenes Geld sind.

Und Beats gerahmtes Foto über der Anrichte hat er abgehängt. »Solang er nicht tot ist«, hat er gesagt. Beat ist lebendig. Er hat nach abgeschlossener Drogistenlehre eine Stelle in Montreux gefunden, und er schickt ihr Postkarten, schreibt, dass es ihm gut gehe, manchmal schreibt er französisch. Jeden Samstag ruft er an. Er hat ein möbliertes Zimmer und kennt eine Süsann und geht mit ihr ins Kino. Der letzte Zug von Gunhill. Ben Hur. Rosen für den Staatsanwalt. Sie schaut sich die Filme an, die Beat gesehen hat.

So nimmt sie an seinem Leben teil.

Meist sitzt sie allein im Kino, nachmittags, wenn Theo in der Agentur ist. Abends will er seine Ruhe haben und an seiner Autogramm-Sammlung arbeiten oder er trifft seine Freunde vom Vespa-Verein. Einmal setzte sich in der Nachmittagsvorstellung – Serengeti darf nicht sterben – ein Mann neben sie und schob ihr die Hand zwischen die Beine. Sie merkte, dass ihr heiße Schamesröte ins Gesicht schoss, sie rührte sich nicht. Die Hand blieb eine Weile da und bewegte sich. Dann stand der Mann auf und ging. Sie weiß nicht, wie er aussah.

Sie hat es niemandem erzählt.

In Kuba war dieses Jahr große Revolution. Sie hat aus der Illustrierten ein Foto ausgeschnitten von einem Revolutionär mit dunkler Baskenmütze. Er heißt Che und lächelt sie an. Sie hat das Foto an die Innenseite ihrer Kleiderschranktür geklebt. Vielleicht kann sie mal ein Lehrbuch für Spanisch ausleihen, um Che ein bisschen näher zu sein. In der Schule hatte sie nur Französisch. Beim landwirtschaftlichen Kantonalverband wird eine Bürostelle frei, sie hat es im Anzeiger gesehen, vier Tage die Woche, Französisch erwünscht, aber Theo sagt, nein, das hätten sie nicht nötig, keine Frau in ihrem Bekanntenkreis brauche zu arbeiten. Ohne Theos Erlaubnis kann sie keine Stelle annehmen. »Wozu habe ich denn mal Buchhaltung und Maschinenschreiben gelernt«, sagt sie. »Für mich«, lacht Theo, »wenn du unbedingt willst, kannst du in der Agentur helfen, archivieren sollte man endlich.«

Sie will nicht. Eigentlich, von Rechts wegen, müsste sie.

Sie will nicht noch mehr Theo. Ihn fragen, ihn bitten, auf sein Gutheißen warten. Es gibt nichts, was sie ihm vorwerfen kann, sie weiß nicht, wie ein Vorwurf zu formulieren wäre. »Du hast doch alles«, sagt er. Alles, das ist eine große Wohnung, Haushaltsgeld, Kleider, Schuhe, Freizeit. Und im Bett einen Mann, den sie machen lässt. »Was schaust du so?«, hat er kürzlich gefragt. »Wie schaue ich?« »Wie Tante Erika.« Tante Erika war eine saure, ältliche Person, die neunzehn Rosenkränze hinterließ, als sie starb. So also sieht sie aus. Sie hat gelacht, es war ein bitteres Lachen. Sie ist gerade eben einundvierzig geworden. Theo ist fünfzig.

Ein Mann im besten Alter.

Einer, den man mag, sagt Ruth Hellmüller. Einer wie wir, sagt Hans Gruber. Letztes Jahr hat Theo eine Ferienwohnung gekauft. Auf der Lenzerheide, ein Schlafzimmer, ein Wohnzimmer mit Schlafcouch, eine Wohnküche. Er hat es ihr erst gesagt, als der Vertrag schon unterschrieben war. »Und, freust du dich?« Nun will er die Hellmüllers und die Grubers zum Skifahren einladen. Sie fährt nicht gerne Ski. Sie kocht nicht gerne für Gäste. Was soll sie da. Die Wohnung einrichten, das hätte ihr gefallen. Aber die war schon möbliert. Mit dünnen und dicken Vorhängen und einer geblümten Sitzgruppe. Sie hätte zu dem nervös gesprenkelten Arvenholz ein reines ruhiges Blau gewählt.

»Meine Erna ist eine Spezielle«, sagt Theo.

Sie hat nie gerne Erna geheißen. Ihre Mutter hieß Erna. Ihre Großmutter hieß Erna. So machte man das damals im Dorf. Dass sie nach ihrer Heirat so weit wegzog – vier Autofahrstunden –, das war schon leicht verwegen. Dafür war der Theo, so fand man, eine mehr als vernünftige Wahl. Schon lange ist sie nicht mehr in ihr Dorf gefahren. Der Vater am Berg verunfallt, die Mutter dem Krebs erlegen, das Häuschen verkauft. Zwanzigtausend Franken hat sie geerbt. Wenn sie das Geld für etwas brauchen wollte, müsste ihr Theo die Erlaubnis geben. So ist das Gesetz. So ist das Leben.

Schön war die Sommerwiese vor dem Häuschen.

Sie will Beat ein Sommerpaket schicken, mit der gelbblau gestreiften Badehose aus dem Versandhauskatalog, mit einem dunkelblauen Badetuch und einer Handvoll Zitronenlutscher, die er früher so gern gemocht hat. Es ist eine teure Badehose. »Muss das sein?«, fragt Theo, als sie ihn um Geld bittet. Er erwartet keine Antwort. Ja, könnte sie sagen, das muss sein, ich will meinem Sohn eine Freude machen. Freude muss sein. Sie bedankt sich für das Geld. Beat bedankt sich für das Paket. Alles ist, wie es zu sein hat. Ist wohl ihre Schuld, wenn sie nicht fröhlich ist. Ich tue nichts, ich kann nichts. Bin undankbar, bin ungerecht. Bin neidisch und weiß nicht, auf wen, bin unfroh und weiß nicht, warum. Da ist eine Sehnsucht, die stört, und es gelingt ihr nicht, sie wegzuwaschen. Die klebt auf der Haut. Zufrieden müsste sie sein. Sie hat doch diesen liebevollen, gut geratenen Beat. Andere erleben bloß Ärger mit ihren Kindern. Die Hellmüllers haben einen Sohn, der stottert, und einen, der stiehlt. Die Grubers haben zwei unschöne Töchter.

Beat scheint rundum gelungen.

Ein Kind hat sie verloren. Fünfter Monat. Sie möchte kein Kind mehr. Sie möchte keinen Theo mehr neben sich im Bett. Obwohl die Sache immer rasch erledigt ist. Tut nicht weh, tut nicht wohl. Theos Hände fühlen sich noch gleich an, nur sein Bauch ist anders, spitz und hart, ein fremder Gegenstand. Sie nimmt an, dass Theo sie nach wie vor liebt. Sie hingegen kann sich an ihre Zuneigung nur noch erinnern. Sie betrachtet ihn, als sei er ein anderer. Seinen Rücken, wenn er sich im Bett zum Schluss auf die Seite wälzt. Sein Handgelenk, wenn er beim Frühstück Quittenmus auf die Brotschnitte streicht, hin und her, hin und her.

Sie könnte sich scheiden lassen.

Wenn sie die Scheidung beantragt, kann sie ihm nichts vorwerfen, keine Schuld. Sie müsste eine eigene Schuld eingestehen, damit sie geschieden werden kann. Aber sie hat nichts einzugestehen und hat immer alles gemacht, worauf er ein Recht hat. Das Kind betreut, den Haushalt erledigt, die Beine nur für ihn gespreizt. Hat seinen Wohnort akzeptiert, hat seinen Namen angenommen. Aus Erna Sommer ist Erna Späth geworden. Der Doppelname kam nicht infrage. »Späth-Sommer«, hat Theo gelacht, »nein danke.« Theo ist das Oberhaupt der ehelichen Gemeinschaft. So sagt es das Gesetz. Theo bestimmt, Theo gestattet, Theo billigt. Sie muss fragen, er kann erlauben.

Sie wird ihn nicht fragen, bevor sie geht.

abschrecken

So witzig war's, nicht stimmen zu dürfen

Der Nebelspalter und das Frauenstimmrecht

SUSAN BOOS

Eine Welt ohne Stimmrecht war für Frauen nicht lustig. Aber wie machte man sich damals darüber lustig? Der *Nebelspalter* ist heute digitalisiert. Das erlaubt ein Flanieren durch den Humor vergangener Zeiten.

Das Blatt wurde 1875 gegründet und ist damit die älteste Satirezeitung Europas. Ein erster Eintrag zum Thema findet sich 1902 (Nr. 8) unter dem Titel »Frauenstimmrecht in Zürich«. Der Text beginnt mit den Worten:

> »›Taceant mulieres in ecclesia!‹ sagte schon Paulus
> I. Kor. 14.34. und es ist gut so bis zum heutigen Tag.«

Damals konnte man Latein oder hatte keine Zeitschrift abonniert. Die Leser wussten offensichtlich, was der Autor meinte.

Lässt man Google übersetzen, sagt Paulus im Korintherbrief: »Lasst die Frauen in die Kirche.« Was Unfug ist. Laut gängiger Bibelübersetzung schrieb Paulus: »Wie in allen Gemeinden der Heiligen sollen die Frauen schweigen in den Gemeindeversammlungen; denn es ist ihnen nicht gestattet zu reden, sondern sie sollen sich unterordnen, wie auch das Gesetz sagt. Wollen sie aber etwas lernen, so sollen sie daheim ihre Männer fragen.« Das muss der *Nebelspalter*-Autor gemeint haben. Er fährt fort:

Es scheint aber, dass ihre [der Frauen] Weisheit in den bald 1900 Jahren üppig geworden ist, durch das thatsächliche Wirken in der Oeffentlichkeit als Velozipedistinnen, Rednerinnen, Bannerträgerinnen, weshalb sie nun auch als Parlamentarierinnen zu glänzen hoffen. – So werden wir Männer in der Kindersäugologie, Strumpfbüetzistik und Suppenkochtherapeutik uns an den Laden legen müssen um das Gleichgewicht in den Funktionen der Geschlechter halten zu können ...«

Das Sich-an-den-Laden-Legen klingt gut. Es hat mal bedeutet: sich anstrengen, sich für etwas ins Zeug legen. Gefruchtet hatte es wenig. Das Funktionengleichgewichtig hat heute noch Schieflage, und es dauerte 68 Jahre, bis die Zürcherinnen das Stimmrecht bekamen. Aber dazu später.

1917 (Nr. 44) dann, der Erste Weltkrieg ist noch im Gang und in Russland hat die Revolution den Zaren hinweggefegt, erscheint im *Nebelspalter* ein Gedicht zum »Frauenstimmrecht«:

Endlich nach Not und Teuerung
und viel Missgeschick
denken wir an Erneuerung
in der hohen Politik.

Wir haben es uns vorgenommen
und fangen jetzt damit an:

Die Frau soll zu ihrem Rechte kommen
oder zu einem Mann.

Sie darf nun zu der Urne laufen,
was sie nur laufen kann.
Sie darf sich im Kantonsrat raufen
wie ein gemachter Mann.

[...]

Sie soll den ganzen Krempel machen:
Partei und Politik.
Wir werden uns ins Fäustchen lachen
und ziehen uns zurück.

Sie soll sich daran erfreu'n und laben,
soll Ehre, Zeitvertreib
und unsern Segen dazu haben:
Glück auf! Politisch' Weib.

Zehn Jahre später gibt's erneut ein Gedicht zum Frauenstimmrecht, diesmal geht es um eine kantonale Abstimmung in Basel. 1927 (Nr. 25) haben es die Basler Männer
abgelehnt, den Frauen im Stadtkanton das Stimmrecht zu
gewähren.

Nun haben's die Basler den Frauen gezeigt,
Sie wollen kein Stimmrecht.
Sie sind dieser Forderung gar nicht geneigt,
Und finden sie schlimm und schlecht.

Sie sagen, die Frauen seien so zart,
Man müsste sie schonen,
Und wählen und stimmen sei gar so hart,
Zu den anderen Frohnen.

Sie fürchten schrecklich den Frauenstaat,
Schrieb ein zitternder Fasler,
Zu solchem seien sie noch nicht parat
Die tapferen Basler!

Warum soll man in Basel denn klüger sein,
Sprach Vater zum Sohne,
Wir sind zu klug, um klüger zu sein
Als andre Kantone.

Nach einem kleinen Absatz folgt der gedichtete Kommentar
des Autors:

Wir sind eine alte Demokratie
Dass Gott uns bewahr!
Im Alter ist man für Junges nie.
Das ist die Gefahr.

Wenn's in andern Ländern eine Antiquität ist
Dann machen wir's nach!
Ob dies wohl der Sinn einer Demokratie ist?
Wir machen es nach …

Einige Monate später wird in Kuba das Frauenstimm- und
-wahlrecht eingeführt. Der *Nebelspalter* feiert das mit einer
ganzseitigen Karikatur, gezeichnet wie ein Comic. Dunkel-

häutige Frauen arbeiten unter dem strengen Blick eines Weißen auf dem Feld, danach tanzen dunkle Frauen mit dicken Lippen und nackten Brüsten zur Urne, den Stimmzettel in der Hand. Darunter der Spruch: »In Kuba wo sie Dubak pflanze, ka d'Frau jetz auch an'd Urne tanze.« (1928, Nr. 4) War frauenfreundlich gemeint, aber rassistisch rausgekommen. »Neger« in Baströcken kommen zu jener Zeit im *Nebelspalter* ab und zu vor. So wie auch sexistische Witze völlig unverkrampft ihren Platz haben (1929, Nr.12).

> Unser Herrgott hat zuerst den Mann und dann die Eva aus Staub gemacht. Er hätte sich die Hälfte der Arbeit ersparen können, denn hätte er zuerst die Eva erschaffen, hätte sich der Adam schon von selbst aus dem Staube gemacht.

Das fand mann lustig. Der *Nebelspalter* war halt vor allem von Männern für Männer geschrieben. Aber nicht nur. Sie konnten auch anders. Ein Prunkstück findet sich im Jahr 1929 (Nr. 25): »Die Petition über das Frauenstimmrecht oder ›Die Männer verstehen es besser‹ (aus dem Notizbuch einer Stimmensammlerin)«:

Die Frau: Haben Sie nicht Lust, die Petition für das Frauenstimmrecht zu unterschreiben?
> Der Mann: Soso, eine Petition für das Frauenstimmrecht! Ist das jetzt das Nötigste? Die Frauen sollen zu Hause bleiben. Die verstehen doch nichts von Politik.
Die Frau: Meinen Sie?
> Der Mann: Wie viele Stimmen müssen es sein, damit die Initiative wirksam wird?

Die Frau: Es ist keine Initiative, es ist eine Petition.

Der Mann: Nun ja, wie viele Stimmen braucht es also?

Die Frau: Eine Petition kann eine unbestimmte Anzahl von Stimmen haben. Je mehr, desto besser.

Der Mann: Aha. Soso. Zeigen Sie mal her. – Ja, aber da haben ja auch Frauen unterschrieben?

Die Frau: Ja, bei einer Petition können Frauen *und* Männer unterschreiben.

Der Mann: Warum habt ihr denn keine Initiative gemacht?

Die Frau: Eben, weil da die Frauen *nicht* mitunterschreiben könnten. Und wir müssen doch dabei sein. Es betrifft doch uns!

Der Mann: Da haben ja auch Männer unterschrieben, hier auf der rechten Seite.

Die Frau: Ja, wie gesagt, beide Geschlechter können unterschreiben.

Der Mann: Was? Männer unterschreiben eine Initiative für das Frauenstimmrecht? Die sind wohl verrückt?

Die Frau: Finden Sie? – Wollen Sie unterzeichnen.

Der Mann: Ich? Fällt mir gar nicht ein. Es ist eine Schande, dass sich Schweizermänner finden, die eine derartige Initiative unterschreiben, und so dazu beitragen, die nötige Stimmenzahl zu erreichen...

Die Frau: Es ist keine bestimmte Zahl nötig. Es ist nur eine Petition. Frauen können nur Petitionen unterschreiben, keine Initiative, weil die Frauen rechtlich keine Bürgerinnen sind.

Der Mann: Recht so. Die Weiber brauchen sich auch nicht in Männergeschäfte zu mischen. Wenn denn

schon eine Initiative lanziert werden muss, dann
überlasse man das uns Männern – die Frauen brauchen wir nicht dazu. Die verstehen doch nichts von
politischen Geschäften.

Die Frau: Meinen Sie?

Der Mann: Ja, das meine ich. So eine gemeingefähr-
liche Initiative!

Die Frau: Es ist eine Petition.

Gezeichnet war der Text mit »He nai«. Unklar, ob das eine
Frau oder ein Mann war. Die Petition schlug übrigens alle
Rekorde: 170 397 Frauen und 78 840 Männer unterzeichneten
sie.

Ab den dreißiger Jahren hatte der *Nebelspalter* inhaltlich
seine Blütezeit. Man schrieb gegen Nazideutschland und die
einheimischen Fröntler an. Das Blatt zeigte Haltung. Politisch fuhr man einen linksliberalen Kurs und war grundsätzlich für das Frauenstimmrecht. Allerdings gab's auch immer
wieder dröge Schenkelklopfwitze (1946, Nr. 23).

Frauenstimmrecht

Zwei Kollegen sitzen im Tram; an einer Haltestelle
steigen einige Frauen ein. Die Herren machen ihnen
höflich Platz, aber Kollege A sagt leise zu B: »'s isch
guet, wenn emol bald 's Frauestimmrächt do isch, so
mues me denn doch nüme ufstoh im Tram.«

Vieles war vermutlich ironisch gemeint. Aber mit Ironie ist
es so eine Sache. Sie kann immer falsch verstanden werden,
damals wie heute.

Die *Nebelspalter*-Autoren verbargen sich gerne hinter

Pseudonymen wie Schtärnebitzgi, Lothario oder Bethli und Ruthli. Es lässt sich heute kaum mehr eruieren, wie viele Texte von Frauen stammen. Vermutlich waren es wenige.

Der *Nebelspalter* bittet zwar die Frauen »um ihre gefällige Mitarbeit« und Beiträge über »den Mann von heute« einzusenden. Manchmal druckten sie Einsendungen von Leserinnen ab. Viele der Briefe wirken unbeholfen. Doch auch hier ist unklar, ob wirklich Frauen all die Briefe geschrieben haben. Vielleicht war auch satirische dichterische Freiheit der Redaktoren im Spiel.

Zurück zum Frauenstimmrecht. Ein sehr schöner, journalistischer Beitrag stammt aus den sechziger Jahren. Die Kantone Waadt, Neuenburg und Genf haben das Frauenstimmrecht bereits eingeführt. Basel-Stadt nimmt es 1966 (Nr. 46) als erster Deutschschweizer Kanton an. Nach der Basler Entscheidung macht sich der *Nebelspalter*-Autor Walter Blickenstorfer auf, um die Zürcherinnen und Zürcher dazu zu befragen. Er zeichnet ein aufschlussreiches Sittengemälde.

Man trägt Frauenstimmrecht, wie man Bürstenschnitt oder Mini-Jupe trägt, und wer will jetzt schon einen Zopf schwenken und als unmodern gelten? Ein Zürcher, eine Zürcherin unmodern – undenkbar! Basler oder Berner sicher, die machen ja stets auf traditionsbewusst. Aber ein Zürcher! Wer lacht da wegen Basel? [...]
Ein ehrbarer Zürcher, ein Herr in den besten Jahren, mit etwas auf der Bank und in einer Zunft ist er auch, tat sich mir gegenüber als Befürworter des

Frauenstimmrechtes keinen Zwang an: »Mir lönd is doch vu däne ch... Baslere nöd uf dNase schie...! Nänäi, das Fraueschtimmrächt mues jez ane!«

Blickenstorfer beschäftigt sich auch mit den Gegnern und Gegnerinnen:

Am ausgebildetsten scheinen die Schützengräben zwischen Pro und Contra eigentlich bei den Frauen selber. Da gibt es einige, die mit ziemlich viel politischem Geschick und ausgesprochenem Sinn für politische Taktik kämpfen, nicht politisieren, wählen, stimmen, gewählt werden zu dürfen. Das wirkt – Entschuldigung, liebes diesbezügliches Komitee! – einfach ein bisschen komisch. Etwa so, wie wenn die Atombomben-Gegner mit niedlichen Atombömbchen gegen die atomare Bewaffnung kämpfen würden!

Das Ausland war für die Männer offensichtlich eine wichtige Triebfeder, endlich dem Frauenstimmrecht zuzustimmen. Blickenstorfer sammelt einige markige Zitate:

»Mer müend ene (den Frauen) es (die politische Gleichberechtigung) dänk gä, susch meineds im Usland na, mer siged hinderem Mond dihaime!«
»S wirt dänk müese sy, im Ussland hänzes ja überale scho!«
»Was die ch... Schwabe chönd, chömmer au!«

Er präsentiert auch einige prononcierte Gegenstimmen:

>>Im Pruef nämeds eim (gemeint: die Frauen) scho
überal de Nidel ab, d Politik mues Manesach bliibe!<<
>>Dänn gaats im Raathuus bald zue wien imene
Schtägehuus.<<
>>Politik isch nid Rätsche!<<
Schlimmeres habe ich nicht gehört, und dieses Negative musste ich schon sehr listig aus den diesbezüg-
lichen Leuen herauslocken. Ein wirklich grundlegen-
des, stichhaltiges, überzeugendes Argument gegen
die politische Gleichberechtigung der Frau habe ich
nicht gehört.

Und so stimmen die Züricher 1970 zu. 1971 kommt das
Frauenstimmrecht schweizweit durch. Ein Jahr danach
schaffen es auch St. Gallen, Uri, Schwyz, Graubünden, Nid-
walden, Obwalden, 1989 Appenzell Ausserrhoden. 1990 –
verordnet vom Bundesgericht – auch noch Appenzell Innerrhoden.

Das war es dann mit den Witzen über das Frauenstimmrecht. Aber vor allem war es ein Witz, dass es so lange gedauert hat.

Sehr geehrte Frau Präsidentin

ARIANE VON GRAFFENRIED

Bern, 21. Jahrhundert, fünfzig Jahre danach

Sehr geehrte Frau Präsidentin,

ich habe mir gedacht, Ihnen könnte langweilig sein. Wir
kennen uns nicht. Ich schreibe Ihnen anlässlich des Jubiläums des Schweizer Frauenstimmrechts. Das mag Ihnen
vielleicht seltsam erscheinen. Als ehemalige Präsidentin
des »Bundes der Schweizerinnen gegen das Frauenstimmrecht« werden Sie den 7. Februar 1971 nicht feiern. Er ist für
Sie mit einer großen Niederlage verbunden. Dass Sie seit
zwanzig Jahren tot sind, ist für mich kein Grund, Ihnen
nicht zu schreiben. Die Auseinandersetzung mit Geistern
gehört zu meinem Beruf als Schriftstellerin. Regelmäßig
lege ich mich zu Toten in Archivboxen, um mich mit ihnen
zu unterhalten. Ich höre ihnen zu, sie sprechen zu mir, ich
spreche zu ihnen. Ich hoffe, Sie empfinden das nicht als
unangenehm. Ich rieche gut. Bei Ihnen bin ich nicht so
sicher, aber es stört mich nicht. Sie waren eine fleißige
Briefschreiberin – Ihre Korrespondenzen sind im Archiv
der Gosteli-Stiftung in Bern aufbewahrt –, und so scheint
es mir angebracht, mich in dieser Form mit Ihnen zu
unterhalten.

Zuallererst möchte ich Sie wissen lassen: Die Heimat ist seit der Annahme des Frauenstimmrechts nicht untergegangen. Es kam zu keinem bolschewistischen Umsturz, die Schweiz ist kein Satellit östlicher, totalitärer Ideologie geworden. Ich erwähne das, weil Ihnen »la patrie« in Ihrem Kampf gegen das Frauenstimmrecht wichtig war. 1969 schrieben Sie in einem Brief an einen Nationalrat: »Es geht vorab um unsere Heimat, um die direkte Demokratie, um die Erhaltung des Mittelstandes nebenbei.« Ich glaube, nachvollziehen zu können, dass Heimat einem viel bedeutet, und gestehe Ihnen zu, dass Sie wissen, was damit gemeint ist. Ich weiß es nämlich nicht. Ich komme darauf zu sprechen, weil »Heimat« in letzter Zeit wieder schwer in Mode gekommen ist. Geschichte wiederholt sich bekanntlich nicht. Sie haben Ihren Kampf in einer anderen Zeit geführt, in der sich die Schweiz in geistiger Landesverteidigung einigelte und gleichzeitig in Konsumeuphorie und Wachstumsoptimismus verfiel. Sie sahen Ihre »Heimat« durch die politische Gleichberechtigung bedroht. Auch heute wird in antiemanzipatorischen Diskursen der Schutz der Heimat proklamiert. Hat das damit zu tun, dass Heimat heute wie damals nicht ein Land, sondern die Zugehörigkeit zu einem vertrauten Milieu, zu einer Klasse bedeutet? Klasse. Dieses Wort ist in letzter Zeit so selten geworden. Ich habe beim Niederschreiben den Duft von Mottenkugeln, den Nachklang von Bätziwasser in der Hautfalte meiner Großmutter in der Nase. Warum bloß? Nennt man eine Klasse, besonders die prekäre, heute nicht mehr so, weil man ihre Existenz negiert? Weil man sie nicht mehr bekämpft, sondern ignoriert, obwohl sie wächst und wächst?

Kann es sein, Frau Präsidentin, dass Ihr Kampf gegen die Gleichheit der Geschlechter damals Klassenkampf war? Die Solidarität unter Frauen hört auf, wo sie mit Eigeninteressen und dem Verlust von Privilegien kollidiert. Das ist immer noch so. Frauen, die gut verdienen, haben sich von der doppelten Last von Hausarbeit und Lohnarbeit freigekauft. Sie haben sie an andere Frauen weitergegeben. Häufig an Migrantinnen, die sie schlecht bezahlen. Dabei verdienen sie alle immer noch weniger als die Männer.

Ihr »umgekehrten Suffragetten«! Ihr wart Akademikerinnen, Juristinnen, Töchter von Spitaldirektoren, Frauen von Ständeräten, Arztgattinnen mit Doktortiteln, ungekrönte Dorfköniginnen. Ihr wart gut situiert, keine Opfer, sondern selbständige Frauen mit politischen Kontakten bis in den Bundesrat. Gnägi war Ihr Brieffreund, von Moos ein wohlwollender Informant im Bundeshaus. Und bei der Einweihung der Minger-Gedenkstätte wurde ein Kranz mit den Worten »Unserem großen Helfer, die dankbaren Gegnerinnen des FSR« abgelegt.

Ihr führtet kein Hausfrauendasein, hattet Haushaltshilfen und arbeitet im Betrieb des Gatten oder der Verwandten. Die Aufgabe der Mutter saht Ihr nicht in der Hausarbeit, sondern in der Erziehung: »Meh und meh muess e Muetter deheime blibe – nid wägem Putze und Choche –, sondern um d Familie wieder zäme z'halte, die wichtigschti Zälle vom Staat.« Sie werden es nicht glauben, das Argument ist heute wieder oft zu hören. Der Schoß der Familie wird gepriesen, dabei bietet er nicht immer allen Mitgliedern, besonders Mädchen und Frauen, Schutz und Geborgenheit. Und schon gar nicht darf der Sinn des Wortes »Familie«

auf andere Lebensgemeinschaften ausgedehnt werden. Darin gleichen sich alle Rechten und Reaktionäre, ungeachtet von Herkunft, Religion und Gesinnung, auch wenn sie sich gegenseitig verachten.

Frau Präsidentin, kennen Sie sich aus mit Pilzen? Wussten Sie, dass es Pilze mit mehreren Tausend Geschlechtern gibt? Unglaublich, nicht? Eine Frau hat das herausgefunden, die britische Mykologin Elsie Wakefield. Ich erwähne das, weil Sie ja auch Naturwissenschaftlerin sind. Madame, stellen Sie sich all die neuen Möglichkeiten vor, wären wir Pilze! Davon ist der Mensch weit entfernt. Wenn man aber bedenkt, dass wir vor 750 Millionen Jahren tief im Meer geschlechtslose Schwämme waren, haben wir uns ganz gut weiterentwickelt. Und wer weiß, was die Zukunft noch alles für uns vorsieht. Befürchten Sie nichts Schlimmes!

Sie selbst, Frau Präsidentin, haben die tradierte Geschlechterrolle ja widerlegt. Sie entsprachen in keiner Weise dem von Ihnen postulierten »Wesen der Frau«, deren »wahre Aufgabe« es sei, zu »dienen, schenken, danken, nicht zu herrschen, zu fordern und kalt zu berechnen«. Sie führten Abstimmungskämpfe, bildeten kantonale Aktionskomitees, sammelten Geld, schrieben Briefe, Artikel, reisten von Ort zu Ort, hielten Reden, in denen Sie erklärten, die Frau gehöre ins Haus und nicht in die Politik. Sie und Ihre Mitstreiterinnen betrieben als Frauen Politik, damit Ihren Geschlechtsgenossinnen die politischen Rechte vorenthalten blieben. Sie, Frau Präsidentin, waren eine begnadete Rednerin, für Ihre Auftritte fanden selbst Gegnerinnen lobende Worte. Sie waren gefürchtet. Es hieß, dass Sie bei Einführung des Frauenstimmrechts als Erste in den Kantonsrat gewählt würden.

Ihr Betreiben von Politik, Ihr Vorhandensein darin stand im Widerspruch zu dem, was Sie referierten. Sie liebten die öffentlichen Auftritte, Reden und Podiumsdiskussionen. Sie politisierten, Sie emanzipierten sich. Und Sie wurden immer besser. »Bis zuletzt hätte ich bald frei reden können«, schrieben Sie 1968 in einem Brief. Die Solidarität innerhalb des »Bundes der Schweizerinnen gegen das Frauenstimmrecht« empfanden Sie als »herrliches Gefühl«. Diese Schwesternschaft war für Sie eine »immense Familie« und entschädigte Sie »zehnfach für alle Angriffe oder das Belächelt-werden«.

Nach der ersten gewonnenen Abstimmung im Februar 1959 änderte sich die Stimmung. Ende der sechziger Jahre hatten alle großen Parteien begonnen, das Frauenstimmrecht zu unterstützen. Waren es 1959 noch sechzig Bundesparlamentarier gewesen, die Ihnen folgten, wollte 1971 kein einziger Bundesparlamentarier seine Wiederwahl gefährden und sich aktiv gemeinsam mit Ihrem Bund gegen das Frauenstimmrecht einsetzen. Sie, Frau Präsidentin, nannten die ehemaligen Verbündeten jetzt »Schlabiseppen in Politikergestalt«. Und als die Zeitungen Ihre Inserate nicht mehr drucken wollten, sprachen Sie von »Unterdrückung der Argumente« und »Meinungsterror«. Auch das kommt mir bekannt vor.

Der Kampf war aussichtslos. Ihre Sprache wurde populistischer und reaktionärer; politische Kontakte bestanden jetzt nur noch zum radikalen, rechtsbürgerlichen Lager. Die antifeministische Propaganda kam grob daher, entsprach der damaligen Vorstellung von weiblichem Verhalten nicht mehr. Und als Sie, Frau Präsidentin, nach der verlorenen Abstimmung 1971 den Bund nicht auflösen wollten, später dann eine Vereinigung gründeten, um den »Auswüchsen der Frauenemanzipation« weiterhin entgegenzuwirken, wurden Sie von ehemaligen Kameradinnen gemieden und als »Mannsweib« bezeichnet. Frau Präsidentin, ist Ihnen da nichts aufgefallen? Nein. 1985 kämpften Sie an der Seite von SVP-Nationalrat Christoph Blocher gegen das neue Eherecht und verloren erneut.

Einiges hat sich zum Guten gewandelt, doch es bleibt noch viel zu tun, hier und anderswo. Ich frage mich, ob Sie, Frau Präsidentin, die Schweiz von heute mögen würden. Und was Ihre Antwort an mich wäre. Vielleicht schreibe ich sie morgen. Vielleicht wird es die sein, die ich mir wünsche.

Mit schwesterlichen Grüßen
Ariane von Graffenried

Literatur

Gertrud Derendinger, *Unsere Schein-Demokratie. Ein weiblicher Kommentar über unsern Staat der Männerherrschaft, der sich einbildet, eine wahre Demokratie zu sein*, Burgdorf 1959.

Caroline Emcke, *Ja heißt ja und ...*, Frankfurt am Main 2019.

Daniel Furter, »›Die umgekehrten Suffragetten‹. Die Gegnerinnen des Frauenstimmrechts in der Schweiz von 1958 bis 1971«, Lizenziatsarbeit, Universität Bern 2003.

»Global study on homicide. Gender-related killing of women and girls«, United Nations Office on Drugs and Crimes, 2019, www.unodc.org/documents/data-and-analysis/gsh/Booklet_5.pdf (23. Dezember 2019).

Erika Kothe, »Tetrapolar fungal mating types. Sexes by the thousands«, in: *FEMS Microbiology Reviews*, 18/1, März 1996, S. 65–87.

Nachlass Gertrud Haldimann-Weiss, AGoF 557 in den Findmitteln der Gosteli-Stiftung, Archiv zur Geschichte der Schweizer Frauenbewegung.

Laurie Penny, *Fleischmarkt. Weibliche Körper im Kapitalismus*, Hamburg 2012.

Franziska Schutzbach, *Die Rhetorik der Rechten. Rechtspopulistische Diskursstrategien im Überblick*, Zürich 2018.

Gruß in die Küche

IRENA BREŽNÁ

Habt ihr gehört? Der Mann soll in die Niederungen der Politik gezerrt werden! Einer, der nicht zwei Sachen gleichzeitig machen kann, wird dazu gedrängt, über die Geschicke des Landes zu entscheiden! Wird diese Testosteronmutation im öffentlichen Raum freigesetzt, riskieren wir einen Bürgerkrieg. Pazifizierungsmaßnahmen sind erforderlich, um das Überleben unseres Volkes zu sichern.

Im trauten Heim legt der Mann sein aggressives Konkurrenzgetue ab, da er einsieht: Die liebliche Bizepslandschaft – sie erinnert an die Jurahügel – hat er vom Vater Naturgesetz einzig zum Zweck bekommen, den Nachwuchs mannhaft zu verteidigen und das kaputte Dreirad zu tragen. Im Park kann der Homo ludens Revierkämpfe anfeuern, die seine Brut anzettelt, das bleibt ohne Auswirkungen auf Beschlüsse im Ständerat.

Alle Umfragen bestätigen: Diese schützenswerte Spezies ist am glücklichsten in häuslicher Behaglichkeit, verschont vom anstrengenden Polit-Smalltalk. Aus dem Küchenfenster – einem blitzblank geputzten – hat der Mann keinen Einblick in schmutzige Staatsgeschäfte. Und wozu sollte er auch?

Was er braucht, ist dauerhafte Schonung am dampfenden Herd, im lauten Kinderzimmer, im verdorrten Vorgarten.

Sein Organismus ist trotz manch imposanter Statur auf lange Sicht kränklich, der Mann stirbt früh, und nicht von ungefähr wird er das schwache Geschlecht genannt. Die eidgenössische Patientenlobby sichert ihm in ihrer Präambel das Recht auf Wehleidigkeit. Die raue Außenwelt bedroht seine einfach gestrickten Gedanken, und ja, auch seine Schönheit.

Der Mann ist zweifelsfrei das schöne Geschlecht, davon zeugt seine flache Brust sowie der große Fuß, auf dem er lebt. Die Schönheit ist das Schönste, sie soll uns erhalten bleiben. In den eigenen vier Wänden kann sich mann stressfrei pflegen, seine prachtvolle Behaarung striegeln, die Unterwäsche bügeln. Ob Pfau oder Enterich, entwicklungsgeschichtlich ist das Männchen ein Schmuckstück.

Die vorrangigste Aufgabe der Gesellschaft ist es, darauf zu achten, dass unser aller Schatz nicht überfordert wird. Destruktive Kräfte sind am Werk, um sein hübsches Köpfchen mit Wahlzetteln zuzumüllen. Möchtegerngeschlechtergleichmacher wollen die natürliche Ordnung kippen. Dann aber adieu.

Die Politik ist bar jeder maskulinen Poesie, sie ist stumpfer Pragmatismus. Zwei Trippelschritte voraus und Rückwärtsgang. Verführt den Mann nicht zum Kraftakt, sich die Verantwortung für die politische Zukunft der Schweiz aufzubürden! Er hat eine Veranlagung, ob derlei Albernheiten Leistenbruch zu bekommen. Bringt ihn nicht von seiner wahren Berufung ab, im Wohnzimmer virtuos Mundharmonika zu spielen – eine Kulturleistung, die seiner Familie zugutekommt.

Das Bedürfnis nach väterlicher Zuneigung ist das A und O der gottesanbetenden Primaten. Statt den Kampf der

Kentauren wollen wir im Kunstmuseum die verewigte Vater-Kind-Innigkeit bewundern. Der Mann denkt abstrakt. Soll er doch mit seinen Theorien in die Weite schweifen. Lasst seinen Geist sich vom Sofa bis ins Badezimmer ergießen und nicht bis an die Kantonsgrenze.

Ihr fragt euch, wie es der Vergeistigte anstellen soll, den Bezug zur stinkenden Realität nicht zu verlieren? Ganz einfach. Sein Adlerauge soll weiterhin tief in den Inhalt der Windel blicken – das Häuflein gibt den Höhenflügen Gewicht und Substanz. Der Mann ist biologisch für das Kleine zuständig. Nein, wir reden das Kleine nicht klein. Im Bescheidenen keimt das Große. Sein angeborener Beschützerinstinkt macht den Mann zum Symbol der Liebe.

Und wie zähmen wir seinen starken Geschlechtstrieb? Da ist nicht nur der Ehrgeiz der Wissenschaft gefordert, sondern die Zivilcourage jedes Einzelnen. Erblickt ihr den ungebührlich Erregten mit unbedeckten Knien in freier Wildbahn, befördert ihn entschlossen in die Waschküche, das wirkt sedierend wie Brom und stärkt die Paarbeziehung.

Wenn die Präriewühlmaus und manch ein Frosch die Einehe praktizieren, wird es die Krone der Schöpfung wohl auch schaffen. Zwei Dutzend Gene helfen den Wirbeltieren, sich fürs Leben zu binden, und das Tröstliche dabei: In der Monogamie sind Seitensprünge inbegriffen. Gene sind nämlich Freisinnige und nicht Fundamentalisten.

Wollt ihr nicht, dass die Milch im Sonntagsmüesli sauer wird, gestattet dem Irregeleiteten nicht, am Tisch über die Bundesratssitzung herzuziehen. Fragt ihn: Woher hast du auf einmal dein ganzes Unwissen? Bleibt achtsam: Rattenfänger sind ausgeschwärmt, gehen auf Stimmenfang.

Und schon stürzt der Gutgläubige aus dem Haus, wo die der Harmonikaklänge brutal beraubte Kinderschar randaliert...

Eure Stimme entscheidet über Familienzerfall und Moral, über Krieg und Frieden:

Nein zum Männerstimmrecht!

Aus Liebe zum Mann. Aus Respekt vor unserer uralten Demokratie.

hausgemacht

Sei mutiger!
Lass dir nicht alles bieten!

NINA KUNZ

Meine Großmutter ist 83 Jahre alt. Sie ist die schönste, weiseste, gütigste Frau, die ich kenne. Beim Apfelkuchenbacken – 35 Minuten auf 200 Grad, beim Guss auch Sahne rein, das ist der Trick – wollte ich mit ihr über das Frauenstimmrecht reden und erfuhr mehr, als ich mir je erhoffen konnte.

Moma, wie war das eigentlich 1971, als das Frauenstimmrecht angenommen wurde? Kannst du dich erinnern?

Klar. Aber merkwürdigerweise hat mich das am Abstimmungstag nicht so bewegt. Ich dachte nur: Endlich. Jetzt haben wir's. Richtig begriffen habe ich es erst, als zum ersten Mal die Abstimmungsunterlagen kamen.

Wie hat sich das angefühlt?

Ein wenig seltsam. Ich hatte das Gefühl, jetzt muss ich nicht immer nur zuhören und lesen, was in Bern passiert. Ich gehöre dazu.

Wurdest du auch im Alltag ernster genommen?

Nein. Damals arbeitete ich ja als Laborantin im Spital, und die Ärzte verhielten sich wie immer. Es gab so Machotypen, die das Gefühl hatten, wir Frauen gehören im Spital in den Pflegeberuf oder sonst in subalterne Berufe – wie eben Laborantin.

Spannend ist, dass du auch die erste Abstimmung über das Frauenstimmrecht erlebt hast. 1959 warst du 22 Jahre alt.

Mich beschäftigte damals, dass unsere Mutter das Frauenstimmrecht das Hinterletzte fand und sich freute, als der Versuch scheiterte.

Was waren ihre Argumente?

Sie war dagegen, basta. Das hat mir den Mut geraubt, mit anderen über das Frauenstimmrecht zu reden. Ich habe mein Schicksal hingenommen – und gehofft, dass es irgendwann wieder eine Abstimmung geben wird.

Und was sagte dein Vater?

Der hat sich nicht geäußert. Doch sobald ich das Stimmrecht hatte, wollte er immer mit mir über Politik diskutieren. Spannend ist, dass auch meine Mutter dann keine einzige Abstimmung verpasste, als wir das Frauenstimmrecht endlich hatten.

Hast du je eine Abstimmung verpasst?

In den letzten zwanzig Jahren vielleicht zwei. Ich dachte, wenn wir dieses Recht schon haben, sollten wir es auch nutzen.

Wie fandst du es eigentlich, dass die Männer darüber abstimmen durften, ob ihr Frauen stimmen dürft?

Absurd.

Hast du die Aktionen der Frauen damals wahrgenommen?

Wahrgenommen habe ich vor allem Iris von Roten. Die fand ich sehr mutig. Aber leider wurde sie von vielen belächelt, wenn nicht verspottet. Zum Glück gab es rebellischere Frauen als mich.

Wie muss man sich das Frausein in der Schweiz der siebziger Jahre vorstellen?

> Das ist schwer zu sagen. Damals habe ich schließlich in der Spitalwelt gelebt, abgeschottet von der Gesellschaft.

Aber du warst ja nicht nur Laborantin. Meine Tante kam 1962 zur Welt, meine Mutter 1972.

> Ich weiß, dass mir dein Großvater sehr ambivalent vorgekommen ist. Ich dachte immer: Er ist schon für das Frauenstimmrecht. Aber nicht unbedingt bei seiner Frau.

Weil es praktisch war, ein Mütterchen zu Hause zu haben?

> Ja. In diesen Jahren bin ich auch nicht so fleißig abstimmen gegangen. Ich habe meine politischen Ansichten nicht geäußert – aus Angst, es gebe Streit.

Das klingt anstrengend.

> Ich hatte oft das Gefühl, dass ich in der Gesellschaft nur dadurch einen Wert hatte, dass dein Großvater eine anerkannte Persönlichkeit im Dorf war. Wäre ich nicht seine Frau gewesen, wäre ich gar nicht wahrgenommen worden.

Inwiefern glaubst du, dass das Frausein heute anders ist?

> Die Frauen haben mehr Freiheiten. Es wird viel mehr toleriert als früher.

Zum Beispiel?

> Wenn ich hätte Fußball spielen wollen, hätte ich keine Möglichkeit gehabt. Oder einen Töff fahren.

Dazu hätte ich tausendmal selbstbewusster sein müssen.

Und die Mode?

Die war viel strenger. Es war nicht vorstellbar, dass jemand ein bauchfreies Shirt trägt. Oder kurze Hosen. Überhaupt Hosen. Im Spital durfte ich nicht in Hosen arbeiten.

Wie unpraktisch.

Zu meiner Zeit mussten die Röcke die Knie bedecken, alles andere galt als anrüchig. Aber wir hatten eh Schürzen mit Stehkragen.

O Gott!

Die hatten Knöpfe im Nacken, die ich nie zubrachte.

Du hast früh deine langen Zöpfe abgeschnitten, richtig?

Ja, nach der Konfirmation mit sechzehn. Ich fand die Zöpfe altbacken.

Wie haben die Leute reagiert?

Es gab keine großen Reaktionen. Aber ich hatte auch einen grauenhaften Kurzhaarschnitt, denn ich war beim selben Coiffeur wie meine Mutter.

O nein!

Aber wenn ich heute Fotos aus dieser Zeit anschaue, denke ich, so schlimm war es nicht. Ich hatte schon immer irgendeine Frisur.

Was würdest du dieser jungen Frau auf den Fotos heute sagen?

Sei mutiger! Lass dir nicht alles bieten! Ich hätte gerne Medizin studiert, aber der Weg war mir verwehrt, weil ich die Matura nicht geschafft hatte.

Aber das war nicht dein Versagen, oder?

Nein. In der Schule war ich fast immer die Klassen-
beste. Aber dann gab es im Thurgau nur in Frauenfeld
eine Kantonsschule – was bedingt hätte, dass ich
auch dort lebe. Doch damals gab es nur für die Buben
ein Konvikt in der Stadt. Also haben die Eltern entschieden, dass es nicht geht.

Und dann?

Ging ich nach St. Gallen an die Kantonsschule. Aber
die hatten einen anderen Lehrplan, und ich musste
Latein nachholen. Ich habe den Sprung zwar geschafft, aber den Anschluss nie wirklich gefunden.

Das tut mir so leid. Du wärst bestimmt eine tolle
Ärztin geworden.

Ich will mich nicht beklagen. Es ist, wie es ist.

Was, glaubst du, sollte ich im Leben anders machen
als du?

Gehe deinen eigenen Weg! Ich habe immer auf alles
und alle Rücksicht genommen. Das war fatal. Natürlich soll man kein Rüpel sein. Aber man muss lernen,
auf sich selbst zu hören und darauf zu vertrauen, dass
es die andern nicht immer besser wissen.

Wie bist du zu dieser Ansicht gelangt?

Ich habe die Erfahrung gemacht, dass ich nicht
mehr Wertschätzung bekam, wenn ich mich maxi-
mal anpasste. Im Gegenteil, dann verlor ich an Wert.
Einmal sagte ein Therapeut zu mir: »Es ist doch egal,
wenn die anderen auf Sie wütend sind!« Das war sehr
hilfreich, denn bis dahin dachte ich immer, wenn
jemand auf mich wütend war, die Welt bricht zusammen.

Ich will es auch immer allen recht machen.

Ja, aber es gibt verschiedene »recht machen«. Man muss es so machen, dass es auch für einen selbst stimmt, das ist der Unterschied. Sonst geht die Rechnung nicht mehr auf.

Was hast du noch gelernt?

Dass man andere Menschen nicht ändern kann. Man hat nur dieses eine Leben, und es bringt nichts, unnötig Energie zu verschwenden.

Seit ich dich kenne, warst du immer links. Warum?

Das andere hat mich befremdet, dieses Geldzeug. Zudem haben mich soziale Themen als alleinerziehende Mutter immer direkt berührt.

Wie meinst du das?

Deine Tante habe ich alleine großgezogen, weil mein erster Mann früh verstarb. Das war nicht einfach für mich. 1962 hatte ich weder die Zeit noch die Kraft, um zu politisieren.

Das ist sehr verständlich.

Ich kann mich erinnern, dass ich in den siebziger Jahren – als ich deinen Großvater heiratete und deine Mutter ein Baby war – mal von einer Frauenorganisation angegangen wurde, die wissen wollte, wie ich zurechtkomme. Ob ich in einer intakten Familie lebe. Ob jemand da sei, wenn ich krank würde. Und ich wusste nicht, was sagen. Die Schwiegermutter kam nicht infrage, das hatte sie signalisiert. Und damals sind die Väter morgens weg und am Abend wieder nach Hause gekommen. Dann musste das Essen bereitstehen, anschließend hat man ferngeschaut, und der Tag war um.

Krass.

Ich habe mich alleinerziehend gefühlt, obwohl ich es de facto nicht war.

Gab es eigentlich eine Frau, die dir früh Eindruck machte?

Judith Stamm. Sie war die Chefin der Luzerner Polizei und hat am Radio »Das Wort zum Tag« gesprochen. Sie hat jedes Mal etwas erzählt, das einen sozialen Gedanken enthielt. Das gefiel mir. Ich hatte das Gefühl, sie versteht uns gewöhnliche Frauen.

Gab es noch eine Frau, die du cool fandst?

Frau Calmy-Rey. Sie hatte den Mut, Dinge zu sagen, über die andere schwiegen. Eigentlich mochte ich alle Bundesrätinnen, da zuvor noch nie Frauen im Rampenlicht gestanden hatten. Auch die Philosophin Jeanne Hersch gefiel mir. Was für eine kluge Frau.

Was würdest du dir für das Jahr 2021, wenn es ein halbes Jahrhundert her ist, dass du abstimmen darfst, wünschen?

Es gibt noch so viel zu tun! Dass die Löhne der Frauen tiefer sind, ist eine Sache, aber dass sie so viel besser sein müssen als die Männer, wenn sie einen Posten haben wollen, das ist ein Skandal.

Ein gewaltiger.

Zudem wünsche ich mir, dass Frauen den Beruf und die Familie besser vereinen können. Die Kindererziehung sollte keine »Frauensache« sein, sondern geteilte Elternsache.

LM-176618 Mütze (Damen)

Christine Loriol

Ich habe *Die göttliche Ordnung* (2017) von Petra Volpe zweimal gesehen. Beide Male musste ich an derselben Stelle weinen: Die Kamera lenkt den Blick auf ein Radiogerät. In den Nachrichten kommen die Abstimmungsresultate. Mein Herz drückt Daumen, wie ich es als Kind tat, wenn Russi ein Skirennen fuhr. Dann: Es gibt ein Ja! Ausatmen. Mein erwachsenes Ich wusste ja, dass es 1971 geklappt hatte. Und doch hatte ich irgendwie im Kino – einen Moment lang Angst. Daher die Tränen der Freude und Erleichterung.

Immerhin konnte ich mir den Film zweimal und bis zum Schluss anschauen. Ganz anders war es mir zuvor mit *Suffragette* (2015) ergangen. Der britische Spielfilm zeigt den Aufstand der Suffragetten in London für das Wahlrecht der Frauen und die Anfänge der Frauenbewegung. Einmal prügelt ein Polizist zu Pferd auf eine demonstrierende Frau ein. Ich fand nach vierzig Minuten schon alles so ungerecht, gemein und entwürdigend, dass es mir zusetzte. Und dann streifte mich blöderweise der Gedanke, dass ich ja auch schon elf Jahre alt war, als bei uns das Frauenstimmrecht durchkam. Und dass, wenn wir die Zeit jetzt 45 Jahre zurückdrehten, Männer wie Roger Köppel, Erich Hess und Andreas Glarner nächstens über die Durchsetzungsinitiative abstimmen könnten. *Und! ich! nicht!*

Und ich nicht.

Sogar jetzt, beim Aufschreiben, schüttle ich den Kopf, beziehungsweise mein Kopf schüttelt sich unwillkürlich. Ich kann es nicht steuern. *Und ich nicht…* Ich war bereits elf Jahre alt, als mein Bruder, mein Vater, meine Großväter sowie jeder Mann, mit dem ich später zusammen war, oder alle Chefs und Kunden, die ich später hatte, endlich nicht länger *mehr wert* waren als ich. Ich musste weinen und ging noch vor der Pause aus dem Kino. Es waren Tränen der Wut.

Zwischen den beiden Filmen fanden die US-Präsidentschaftswahlen statt, Donald Trump und Hillary Clinton. Und was man *ihr* alles vorwarf! Es ging um *Likeability!* und *Stamina!* Man warf ihr ihren Mann vor und dass sie ihn nicht verlassen hatte, ihre Stimme, ihren Ehrgeiz und nicht zuletzt ihre Kompetenz. Das alles drückte im Wahlkampf und nach der Wahlnacht sozusagen auf den Knopf meines »Urfehlers«, für den ich nichts konnte und an dem sich nichts ändern lässt: mein Geschlecht. Ich war nur ein Mädchen.

Vier Tage nach der Wahlnacht buchte ich meinen Flug. Die Idee des Women's March on Washington war genau, was ich für mein Seelenheil brauchte. Dann entdeckte ich das Pussyhat Project der pinken Protestmützen. Ich fand das witzig und konspirativ: politisches Stricken. Seit dem Gymnasium hatte ich keine Stricknadeln mehr angerührt. Ich war eine von Millionen, die am 21. Januar 2017 auf die Straße gingen – in den USA und rund um den Globus. Es war auch eine Demonstration gegen Frauenfeindlichkeit und für Sisterhood. Trump war von 53 Prozent der weißen Frauen gewählt worden, während 94 Prozent der schwarzen Wählerinnen Hillary Clinton die Stimme gaben. Die Regierung Trump verlor in der Folge keine Zeit, Frauenrechte einzuschränken und Programmen zugunsten von Frauen Mittel zu entziehen.

Bei uns in der Schweiz üben mehr als fünfzig Prozent der Berechtigten ihr Stimm- und Wahlrecht nicht aus. Das regt mich an jedem Abstimmungs- und Wahlsonntag auf. In den siebziger Jahren gab es vor Urnengängen Hinweistafeln mit dem Satz »Wer stimmt, bestimmt«. Es gibt sie noch heute.

Es wird mir ein ewiges Rätsel bleiben, warum eine Frau in der Schweiz nicht abstimmt und wählt. Ist es Desinteresse? Stille Zustimmung? Überforderung? Unsicherheit? Eine Frage der Prioritäten? Ich weiß es nicht. Bürgerinnenrechte zu haben und sie nicht auszuüben, ist doch schrecklich. Es hat so lange gedauert, sie zu bekommen. Es hat so viel gebraucht. Es haben so viele Frauen dafür gekämpft und den Boden bereitet. Menschen sind gestorben und sterben für ihre Rechte.

Wer stimmt, bestimmt. Und wer seine Rechte nicht ausübt, weil sie kein Problem hat – oder denkt, sie habe keins –, ist nicht Teil der Lösung. In einem persönlichen Gespräch sagte mir die Historikerin Elisabeth Joris einmal: »Meine Rechte ausüben heißt Verantwortung wahrnehmen. Erst das macht mich wirklich zur Bürgerin. Denn wir leben in Zusammenhängen.« Und in Zusammenhängen leben bedeutet eben auch, wenn ich selber kein Problem habe, dann ist das zwar schön, aber damit hört die Sache nicht auf! Im Gegenteil, ich könnte umso leichter aus meinem Privileg heraus denken und handeln.

Hier mein Angebot an Frauen, die ihre Bürgerinnenrechte nicht ausüben: Rufen Sie mich unter 079 348 31 68 an! Wir können die Abstimmungsvorlagen zusammen anschauen oder 2023 die Unterlagen der nächsten Parlamentswahlen.

Irgendwie müssen wir ja vorwärtskommen. Und fragen Sie Ihre Nachbarin, ob sie abstimmt und wählt! Und Ihre Schwester, Ihre Mutter, Ihre Töchter! Und ja, Ihre Freundinnen auch! Und bringen Sie sie alle gleich mit. »Voter turnout« heißt das in den USA, die Wähler und Wählerinnen an die Urne bewegen. Wenn ich beim Verfolgen der Ereignisse in den USA seit 2016 eines gelernt habe: Wir müssen für unsere Demokratie Sorge tragen. Und für unsere Rechte auch. Wer, wenn nicht wir? Wer, wenn nicht Sie?

Nach dem Women's March in Washington habe ich auch für Petra Volpe einen Pussyhat gestrickt. Sie trug ihn an der Zürcher Premiere der *Göttlichen Ordnung*. Mittlerweile hat ihn das Landesmuseum in die Sammlung aufgenommen. Er heißt jetzt LM-176618 Mütze (Damen) und ist ein Zeichen.

Im Hamsterrad

ESTHER PAUCHARD

Fünfzig Jahre Frauenstimmrecht in der Schweiz. Mit enormer Beharrlichkeit haben die Frauenrechtlerinnen von damals geschafft, was heute selbstverständlich ist. Und ich frage mich, was diese Frauen zum Frausein heute sagen würden. Wären sie zufrieden? Mit uns, mit sich?

Fünfzig Jahre Partizipation, fünfzig Jahre Freiheit, auf Augenhöhe unseren Mann zu stehen.

> Es ist sechs Uhr früh, und das Letzte, was ich mir jetzt wünsche, ist, meinen Mann zu stehen. Liegen will ich, liegen bleiben, weiterschlafen.
> Steht nicht zur Debatte. Die Pflicht ruft.

Freiheit und Rechte sind nie gratis. Rechte sind immer mit Pflichten verbunden, mit Verantwortung, Arbeit und Mühsal. Keine Abkürzungen.

> Zehn nach sechs. Waschmaschine ausräumen, Wäsche in den Trockner stopfen. Der automatisierte Gerätepark meines modernen Haushalts übernimmt viel, lässt mir Raum für anderes. Theoretisch. In Wahrheit aber stehe ich hier morgens um zehn nach sechs verschlafen in der Waschküche und hantiere

mit nassen Wäschestücken, räume den Geschirr-spüler aus, schalte die Kaffeemaschine an. Ich ver-bringe erstaunlich viel Zeit mit all den Zeitsparern.

Früher gehörten Frauen ins Haus und an den Herd. Heute sind Haus und Herd für mich willkommene Abwechslung. Mal etwas mit meinen Händen tun, körperlich arbeiten, dabei meine Gedanken schweifen lassen. Etwas Überblick-bares, Einfaches, sich Wiederholendes. Sofort ein Resultat sehen. Das hat einiges für sich. Eine neue Sicht auf ein ur-altes Phänomen.

Meinen Kaffee trinke ich im Stehen. Missmutig lasse ich dabei meinen Blick über den unordentlichen Poststapel auf unserem Esszimmertisch gleiten. Rechnungen, Infozettel, ein dickes Couvert mit Stimmunterlagen, kurz Pendenzen. Zusätzliche Belastungen im ohnehin dicht gepackten Alltag. Ich seufze und lasse die Post liegen, wo sie ist.

Halb sieben. Picknick packen für den Schulaus-flug der Jüngeren. Was natürlich, ich knirsche mit den Zähnen, zu einer Verschiebung in deren Stun-denplan führt: Treffpunkt um halb neun am Bahnhof. Da sitze ich schon lange in der Klinik. Ich musste eine andere Mutter um einen Gefallen bitten, wie so oft. Kleinteilige Organisation, um den Alltag möglich zu machen.

Nur zu gerne verfalle ich in Selbstmitleid angesichts von überorganisiertem Alltag und überfrachteter Agenda. Be-klage die mangelnden Freiräume und Reserven, die hohen

Ansprüche, die das Leben an mich stellt. Und vergesse dabei die spannenden Erlebnisse, die Entfaltungsmöglichkeiten. Und auch, dass viel davon selbst gewählt ist. Nicht Schicksal, sondern eigene Entscheidung.

Zehn vor sieben. Ich bin knapp dran. Ein rascher Abschied von Mann und Kindern.

Ich schließe die Haustür ab, stakse über die Minibaustelle neben unserem Haus – hier soll ein Veloständer hin. Ein Bagger steht herum, Steinplatten stapeln sich an der Hauswand, das Erdreich ist aufgewühlt – Zeugen harter körperlicher Arbeit. Der Arbeit zweier Landschaftsgärtnerinnen, junger Frauen, die ganz selbstverständlich schweres Gerät bedienen, Wurzeln ausgraben, Tonnen von Erde schleppen. Und ich ertappe mich beim Gedanken: Können die das denn? Sollten das nicht Männer machen?

Sie können. Es braucht hier keine Männer. Und ich bin ein wenig befremdet darüber, wie sehr mich das beeindruckt.

Wie kann ich den anderen, insbesondere den Männern, vorwerfen, dass sie uns Frauen nichts zutrauen, wenn ich selbst es nicht tue? Wenn auch in meinem Kopf uralte Vorstellungen wuchern? Tatsache ist, Frauen und Männer sind anders, schon rein biologisch, aber auch emotional, wir denken anders, gewichten anders. Zu behaupten, wir seien gleich, führt in die Irre. Es ist ein langer Weg, bis wir alle verstehen, dass man nicht gleich sein muss, um gleichwertig zu sein. Wir müssen Geduld mit uns haben – aber dranbleiben.

Zehn nach acht. Ich eröffne den großen Rapport in der Klinik. Der Pflegedienstleiter und ein Fallmanager sind die einzigen Vertreter des männlichen Geschlechts im heutigen Team – die meisten Mitarbeiter sind Frauen. Psychologinnen, Ärztinnen, Pflegefachfrauen, die substanzabhängige Menschen durch Entzug und Entwöhnung begleiten, täglich mit Verzweiflung, körperlicher und psychischer Krankheit, Hindernissen und Verlusten konfrontiert sind und mit noch Schlimmerem, mit Traumata, Grenzüberschreitungen, Druck und Drohungen. Frauen, die das aushalten. Weil es ihr Beruf ist, weil sie Fachleute sind.

Ich sehe die Frauen von damals zufrieden nicken – die Frau im Beruf, insbesondere in akademischen Berufen, ist schon lange Realität. Wir machen das Gleiche, können das Gleiche wie die Männer. Nur – erhalten wir dafür auch den gleichen Lohn? Dass wir 2021 immer noch über diese Frage diskutieren müssen, klingt absurd. Haben wir Frauen unseren Biss verloren, dass wir hier immer noch nicht weiter sind, fünfzig Jahre später? Sind wir zu bequem geworden?

Halb elf. Geschäftsleitungssitzung in der Klinik. Die Direktorin ist eine Frau, die Vizedirektorin ebenfalls. Ich bin die leitende Ärztin, trage die Verantwortung für alle ärztlichen Behandlungen – schwierige Behandlungen oft, im Spannungsfeld von medizinischen Optionen einerseits und der Selbstverantwortung von sich selbst schädigenden, zwischen Leben und Tod agierenden Patienten andererseits. Ein Balanceakt zwischen optimistischem Engagement und rationaler Akzeptanz. Es ist seltsam, wie leicht sich all die Verantwortung trägt. Die Erfahrung hat mich sicher und ruhig gemacht, aber wichtiger noch ist: Ich bin nicht allein. Wir sind ein Team und tragen vieles gemeinsam. Das hilft.

Es dauert, aber wir sind dran. Frauen erobern sich Kaderpositionen, tragen Verantwortung, halten rauen Winden stand. Wir können das. Vielleicht befähigt uns unser Frausein – Teamfähigkeit, Multitasking, Mutterschaft – sogar besonders für Leitungsfunktionen. Nur, wollen wir das auch? Und wenn wir es nicht immer wollen – haben wir allenfalls gute Gründe dafür?

Halb drei. Zwischen zwei Sitzungen rasch aufs Handy schauen. Meine Tante liegt im Spital, unklare Bauchschmerzen. Schnell eine Nachricht schreiben, fragen, was ist, wie es ihr geht, der Sorge für einen Moment lange Leine lassen. Ich möchte näher sein, präsenter. Im Geist durchstöbere ich hektisch meine Wochenagenda nach Freiräumen, finde keine. Ich werde sie verdichten, noch schneller sein müssen als gewöhnlich, um mir eine Stunde für einen Besuch bei ihr zu stehlen. Ein flaues Gefühl befällt mich: Was, wenn es etwas Ernstes ist, wenn es mehr von mir braucht als einen Besuch? Wie schaffe ich das, neben allem anderen?

Auch heute noch ist soziales Engagement, insbesondere unbezahltes soziales Engagement von der Kinderbetreuung bis zur Altenpflege Sache der Frauen. Und ich spüre diesen

(Selbst-)Anspruch bis in meinen tiefsten Kern. Spüre das schlechte Gewissen, eine Rabenmutter, eine egoistische Karrierefrau zu sein, wenn ich nicht so verfügbar bin, wie ich es gerne möchte. Solche Augenblicke zeigen, was mein Lebensstil mich kostet, dass immer etwas auf der Strecke bleibt. Entscheidungen haben Konsequenzen, und nicht nur angenehme.

> Halb fünf. Früher als üblich verlasse ich die Klinik, mit hängender Zunge. Ich werfe mich ins Auto und mache mich auf in Richtung Zürich, für einen Lesungstermin um halb acht. Während ich mich im dichten Pendlerverkehr über die A1 schiebe, stelle ich mich auf das Kommende ein, werde zur Autorin. Fliegender Rollenwechsel auf der Autobahn, maximale Mobilität in stockender Autokolonne. Nebenbei stecke ich mir ein paar Cracker in den Mund – keine Zeit für ein richtiges Abendessen.

Wir sind ungeheuer mobil geworden, haben die Wahl, mit verschiedenen Hüten und Rollen zu jonglieren. Aber das bedeutet nicht nur Freiheit, sondern auch Belastung. Es erfordert Tempo, Effizienz, permanente Flexibilität. Nicht selten erwische ich mich bei sehnsüchtigen Träumen von einem langsamen Leben. Sehe mich auf dem Land Hühner füttern, trauere den »guten alten Zeiten« nach, als alles noch einfach war. Klagen auf sehr hohem Niveau. Würde ich das wirklich wollen? Wohl nicht.

> Viertel vor acht. Meine Lesung ist in vollem Gange. Stehe vor den Sitzreihen, das Publikum lauscht mit

aufmerksamem Interesse. Ich erzähle über mich, die Welt meiner Bücher, werde dabei persönlich, berührbar, und dennoch erfülle ich eine Rolle. Das Nahbare ist Programm, die heitere Frische professionelle Haltung. Auch hier bin ich Berufsfrau. Ich bin müde, es war ein langer Tag – aber das soll mir niemand anmerken. Nichts da mit Lustprinzip.

»Frau Pauchard, Sie sind Ärztin, Schriftstellerin, Familienfrau – wie schaffen Sie das alles?« – diese Frage höre ich mit Abstand am häufigsten. Mir ist sie peinlich, es klingt, als wäre ich Superwoman. Bin ich nicht. »Mut zur Lücke«, antworte ich oft. Und meine damit auch: Häufig schaffe ich es irgendwie, bisweilen schafft es mich. Es ist kein Spaziergang, es fordert mich, oft über die Grenzen hinaus. Aber es lohnt sich.

Zwanzig nach elf. Endlich zu Hause angekommen. Die Heimfahrt war lang. Im Haus ist es still, nur das Licht im Eingang brennt. Alle schlafen schon.

Im Esszimmer fällt mein Blick wieder auf den unordentlichen Poststapel, der seit heute Morgen noch gewachsen ist – mehr Rechnungen, Zeitungen, Prospekte. Müdigkeit befällt mich, Verdruss. All die Ansprüche an mich, an meine Zeit. Ich nehme das dicke Couvert mit dem Stimmmaterial in die Hand. Es juckt mich – direkt ins Altpapier damit? Eine Pendenz weniger, wenigstens eine?

Ich lege den Umschlag wieder zurück auf den Stapel.

Nicht vergessen, auch nicht nach einem so strengen Tag: All das ist meine Wahl. Die Frauenrechtlerinnen von damals haben die Türen für uns geöffnet, aber wir entscheiden, durch welche wir gehen.

Fünfzig Jahre Frauenstimmrecht. Hart erkämpfte Privilegien, die verpflichten. Für politisches Engagement, da bin ich realistisch, reicht meine Zeit nicht auch noch. Aber Abstimmen und Wählen, das ist das Minimum. Das bin ich den Frauen von damals und den Frauen von heute schuldig. Mir selbst und meinen Töchtern.

Mutterland

ANJA CONZETT

Im Jahr, in dem die Schweizer Männer zum dritten Mal an der Urne verhandeln, ob die Stimme der Frauen gleich viel wert sein soll wie ihre, ist das Mädchen dreizehn Jahre alt.

1971 ist ein wichtiges Jahr für das Mädchen. Es ist das Jahr, in dem der Vater einen Fernseher kauft, und es ist das Jahr, in dem ihr Brüste wachsen. Der Fernseher ist gut, die Brüste sind es nicht. Zwar sagen die Frauen der Familie, die Tanten, Großmütter und Cousinen: »Egal, ob Mädchen oder Bub, Hauptsache, gesund.« Doch schon seit sie sechs ist, weiß das Mädchen, dass es besser ist, ein Bub zu sein – Buben dürfen mehr, Buben werden häufiger gelobt, Mädchen häufiger geschimpft. Es ist besser, ein Bub zu sein, sagt sich das Mädchen.

Das Mädchen lebt in einem Dorf mit etwas über tausend Einwohnern, zwischen steilen Bergen, die hin und wieder Steine auf die Felder spucken. Der Bauernhof der Eltern, am Rand des Dorfs, mit dem Birnbaum, der fast unter den Giebel des Dachs reicht, ist einer der letzten der Gemeinde. Nur die Schnellers, Theusens und Hungers haben ihre Kühe und ihr Land auch noch nicht verkauft. Die Stadt, die einzige im Kanton, ist nur wenige Kilometer entfernt, und die meisten Väter verdienen dort ihr Geld. Ein paar wenige Mütter auch.

Dem Mädchen gefällt es auf dem Bauernhof, weil er Freiheit bringt. Schon seit sie neun ist, fährt sie Traktor, als einziges Mädchen im ganzen Dorf.

Dem Mädchen gefällt es nicht auf dem Bauernhof, weil er Arbeit macht und ihr zu wenig Zeit zum Träumen lässt.

Die Familie hat wenig Geld, aber viel und gutes Land. Das Mädchen ist das älteste Kind, die Schwester und der Bruder viel jünger, umso härter muss sie anpacken.

Manchmal, wenn das Mädchen gut gearbeitet hat, darf sie den Töff benutzen, den Puch, der eigentlich für die Lehrlinge bestimmt ist. Dann fährt sie mit ihren Freundinnen in die Badi im Nachbardorf, über die Brücke, über den Fluss, der irgendwo ins Meer führt, und wenn der Wind ihr durch die Haare weht, dann hat sie das Gefühl, dass sie frei ist, überall hingehen kann – dass ihr die Welt offen steht und sie sein kann, was sie will.

Töff- und Traktorfahren, Holzscheiten, Heuen, Eggen. Sie ist stolz darauf, dass sie fast alles kann, was die Buben auch können. Nur am Pflügen scheitert sie. Die Maschine ist schwer und teuer, der Vater schimpft und ist enttäuscht.

Der Vater schimpft viel. Er sagt seinen Töchtern nie, dass sie etwas nicht können, weil sie Mädchen sind, aber er verlangt ihnen das Gleiche ab wie den Burschen, die bei ihm in die Lehre gehen.

Wenn andere Väter aus dem Dorf ausrufen, dass Mädchen keinen Beruf lernen, sondern heiraten sollten, sagt der Vater, er würde sich schämen, wenn seine Töchter keinen Beruf lernten. Dann schweigen die andern Männer. Vorm Vater hat man Respekt.

Als das Frauenstimmrecht am Stammtisch Thema wird, sagt der Vater: »Wer arbeiten kann, kann auch abstimmen.«

Der Vater ist kein gewöhnlicher Bauer. Er liest jeden Tag mindestens eine Zeitung, jede Woche ein Buch und weiß immer, was in der Welt gerade geschieht. Ein gescheiter Mann, sagen die Leute im Dorf. Und: Wenn er nicht so bitterarm aufgewachsen wäre, hätte der bestimmt studiert.

Der Vater weiß das. Manchmal hat das Mädchen das Gefühl, dass es ihn bitter macht. Er scheint nur glücklich, wenn er mit seinem Freund auf Reisen gehen kann. Der Freund ist Agraringenieur bei Nestlé und nimmt den Vater manchmal als Experten auf seine Geschäftsreisen mit. Der Vater reist viel: drei Wochen in die Karibik, zwei Mal in die Dominikanische Republik, zwei Mal nach Paraguay, einmal nach Venezuela, einmal nach Costa Rica, zwei Mal in die USA, zwei Mal nach Kanada, zwei Wochen Sri Lanka, zwei Wochen Israel.

Wenn der Vater verreist, bleibt die Mutter allein zurück. Allein mit drei Kindern, dreißig Kühen, drei Hektar Land, zwei Lehrlingen und einer pflegebedürftigen Schwiegermutter. Die Mutter arbeitet viel. Mehr sogar als der Vater. Jeden Tag von fünf Uhr früh bis neun Uhr abends, und nach getanem Werk strickt und näht sie noch Kleider für die Familie, während der Vater liest. Die Mutter hat immer etwas in den Händen und nie Zeit zum Spielen oder Schwatzen. Manchmal glaubt das Mädchen, dass das der Mutter noch mehr wehtut als den Kindern.

Als das Frauenstimmrecht am Küchentisch Thema wird, verwirft die Mutter die Hände: »Jetzt muss ich mich damit befassen!«

Die Mutter ist noch ärmer aufgewachsen als der Vater. Mit zwölf ist sie von der Schule abgegangen und hat seither kein Buch mehr aufgeschlagen. Sie liest nur den Bauernkalender und die Bauernzeitung. Aber die Mutter kann käsen, metzgen, gärtnern wie keine Frau sonst im Dorf. Und sie kennt sich mit dem Vieh manchmal besser aus als der Tierarzt. Darauf ist der Vater stolz. Wenn es um die Tiere geht, darf sie ihm dreinreden. Ansonsten hat er das Sagen. Und wenn es nicht so läuft, wie er das will, ist der Vater grob zur Mutter.

Das tut dem Mädchen weh. Trotzdem fühlt sie sich dem Vater näher. Sie träumt vom Reisen, und sie liest gerne – Paulo Freire, Leon Uris, Geschichtsbücher. Und wann immer etwas Großes in der Welt geschieht, sitzen Vater und Tochter wie vergiftet vor dem Radio und diskutieren. Das Mädchen weiß, dass der Vater stolz ist, auch wenn er das nie sagt.

Als der Vater ihr von einer Steilwand erzählt, die er in ihrem Alter hochgeklettert ist, klettert sie auch hoch – jeder Fehltritt der sichere Tod. Sie klettert höher als die Buben aus ihrer Klasse. Der Vater erteilt das höchste Lob: ein Nicken und ein Lächeln. Der Mutter erzählt das Mädchen es nicht.

Der Vater schlägt die Mutter nicht mit Fäusten, sondern mit den Worten, die er so viel besser beherrscht als sie. Die Mutter erwidert nie etwas. Nur einmal begehrt sie auf. Ein Jahr, bevor die Schweizer Frauen das Stimmrecht erhalten, findet das Mädchen die Mutter mit gepackten Koffern in der Stube. Die Mutter sagt, sie gehe jetzt, sie halte es nicht mehr aus mit dem Tyrannen. Die Tochter fleht die Mutter an, sie mitzunehmen.

Das Flehen der Tochter nützt nichts. Es ist die Großmutter, die es der Mutter ausredet: »Du hättest nichts, keinen Franken unter deinem Namen«, sagt die Großmutter. »Denk an dich. Denk an deine Kinder.« Die Mutter räumt den Koffer wieder aus und spricht nie wieder darüber. Das

Mädchen vergisst das nicht. Sie sagt sich, Männer sind gefährlich. Man muss sich vor ihnen in Acht nehmen. Und das Mädchen beschließt, dass sie nicht heiraten will – nur nicht enden wie die Mutter.

Nicht lange nachdem die Mutter ihren Koffer wieder ausgepackt hat, geraten sie und das Mädchen aneinander. Es ist ein großer Streit über eine Nichtigkeit, und am Ende sagt die Mutter zur Tochter: »Du bist wie dein Vater.« Das Mädchen erschrickt. Wie der Vater sein. Wollte sie das nicht immer? Warum fühlt es sich so schlecht an?

Das Mädchen beginnt sich vom Vater zu distanzieren. Und findet Zuflucht bei der Großmutter. Die Großmutter sagt selten etwas. Aber wenn sie etwas sagt, dann gehorchen alle, selbst der Vater. Sie hat Macht, merkt das Mädchen, aber sie übt sie anders aus als der Vater, zurückhaltender, sanfter. Das gefällt dem Mädchen.

Die Großmutter war mal eine schöne Frau, jetzt ist ihr Gesicht zerfurcht, der Körper krumm – geformt vom Leben einer jung verwitweten Bäuerin. Ihr Mann stirbt, da ist sie 31 Jahre alt, die zwei Söhne noch Kleinkinder. Sie schuftet, damit sie nicht betteln muss, zieht zwei Mal die Woche ihren Karren voll Gemüse in die Stadt und zurück, sechs Kilometer ein Weg.

Die Großmutter liest jeden Tag Zeitung. Einmal erzählt sie dem Mädchen, dass sie immer eine Zeitung abonniert hatte, auch wenn sie dafür auf die dringend benötigten Winterschuhe verzichten musste. Sie sagt dem Mädchen, sie solle selber denken. Das Mädchen beginnt Zeitung zu lesen, jeden Tag, mindestens eine.

Als die Brüste sich nicht mehr verstecken lassen, will das Mädchen ihre langen Haare schneiden und fortan keine

Kleider, sondern nur noch Hosen anziehen. Die Eltern haben nichts dagegen, praktischer beim Arbeiten, wollen aber kein Geld für moderne Haarschnitte und neue Kleider ausgeben. Die Großmutter steckt dem Mädchen sechzig Franken zu, ein Vermögen, ein Fünftel ihrer Rente. Das Mädchen trägt fortan Hosen und Bubikopf.

Das Mädchen hat Glück. Das Dorf, in dem sie aufwächst, ist moderner als die meisten andern Dörfer im Bergkanton. Niemand stört sich an Mädchen, die aussehen wie Buben.

In der Schule lernt das Mädchen bei einer Lehrerin, einer progressiven Frau, berufstätig und Familie. Dass Frauen das Stimmrecht zusteht, ist keine Frage, sondern eine Selbstverständlichkeit. Mädchen sind klug, ja vielleicht sogar noch klüger als Buben, sagen sogar die Lehrer. »So wie Evelyn.« Evelyn ist zwei Jahre älter als das Mädchen, die Tochter des Regierungsrates, unheimlich klug und eine Eisbrecherin für alle Mädchen im Dorf. Sie wird es noch weit bringen, wie der Vater, vielleicht noch weiter, prophezeit man ihr schon in jungen Jahren.

Als das Frauenstimmrecht angenommen wird, glaubt das Mädchen, dass jetzt endlich alles gut ist, dass der Wille von Mädchen jetzt offiziell gleich viel Wert ist wie der von Buben. Frauen können alles, was Männer können, glaubt das Mädchen, studieren, reisen, Berufe lernen wie Pilotin oder Automechanikerin.

Auch die Freundinnen des Mädchens glauben das, Teil einer neuen Generation zu sein, die ohne Krieg im Hinterkopf aufwächst, in einer Ära technischen Fortschritts – weit weg vom Leben, das die Mütter und Väter führen.

Es dauert zwanzig Jahre, bis das Mädchen, die längst zur Frau geworden ist, realisiert, dass das nur ein Traum war.

1991 ist die Frau verheiratet und Mutter zweier Töchter. Das Reisen und ihren Beruf als Lehrerin hat sie aufgegeben. Ihr Mann ist Pfarrer, und sie ist die Frau des Pfarrers. Er entscheidet, und sie kümmert sich um Haus und Hof. Sie trägt wieder Röcke und die Haare lang, hat immer etwas in den Händen und nichts in der Hand.

An einem Nachmittag sieht sie ihren Töchtern beim Spielen zu und fragt sich, wie aus dem Mädchen, die glaubte, alles sein zu können, ausgerechnet das wurde, was sie nie wollte – enden wie die Mutter, »Zubringerdienst für den Pascha«.

Einfach so, schleichend. Kompromiss an Kompromiss. Wie will man Widerstand leisten, wenn man nicht realisiert, dass er notwendig ist?

Sie beginnt wieder jeden Tag Zeitung zu lesen. Sie sieht, wie Buben immer noch mehr dürfen, dafür mit den Mädchen mehr geschimpft wird. Und sie beschließt zu kämpfen.

Es ist kein heroischer Kampf. Kein Kampf an der Front, kein Kampf an der Öffentlichkeit. Es sind tausend kleine Gefechte jeden Tag – mit sich selbst, in der Zelle der Familie. Erst gegen, dann mit ihrem Mann, im Freundeskreis, im Dorf, im Job, an der Urne.

Sie kämpft bis heute. Es gibt noch so viel zu tun, sagt sie. Die Welt muss weiblicher werden, grüner – offener und freier für alle. Tausend kleine Gefechte jeden Tag.

»Nichts ist selbstverständlich, aber alles ist machbar«, sagt sie zu ihren Töchtern, die selbst längst keine Mädchen mehr sind. »Der Wandel, das sind wir.«

Zehn Thesen

NICOLE ALTHAUS

Am 7. Februar 1971 gewährten die Schweizer Stimmbürger mit 65,7 Prozent Ja- und 34,4 Prozent Neinstimmen den Frauen im Lande das eidgenössische Stimm- und Wahlrecht. Es war mehr als überfällig. Konkreter: 53 Jahre nach Deutschland, 52 Jahre nach Österreich, 27 Jahre nach Frankreich und 26 Jahre nach Italien.

Viele Landkantone, darunter die beiden Appenzell, Glarus, Schwyz oder Uri, lehnten das Begehren auf kantonaler Ebene damals nach wie vor ab. Und geradezu zum Symbol urschweizerischen Chauvinismus ist die Tatsache geworden, dass die Appenzell Innerrhoderinnen nur deshalb auf kantonaler Ebene mitreden können, weil das Bundesgericht 1990 ein Machtwort sprach.

Diese Verspätung der Schweiz, die sich im Übrigen auch in anderen frauenpolitischen Bereichen zeigt, etwa der Abtreibungsfrage oder beim Eherecht, hat zu zwei großen Narrativen geführt. Das erste tut die politische Gleichstellung der Frauen simpel als der Zeit entsprechende Randerscheinung der Schweizer Geschichte ab, weshalb sie auch nicht an Schulen unterrichtet werden muss – gerade so, als wäre das Frauenstimmrecht bloß eine nachträgliche Korrektur eines kleinen Fehlers in der ansonsten vorbildlichen direkten Schweizer Demokratie gewesen und beträfe nur die

Hälfte der Bevölkerung und nicht das ganze Land, ja die Demokratie schlechthin. Das andere, konkurrierende Narrativ stilisiert das lange Ringen um das Frauenstimmrecht zu einem heldenhaften vorab weiblichen Kampf und Sieg empor gegen eine frauenverachtende Bastion konservativer Männer, die im Schweizer Reduit das Patriarchat zu verteidigen suchten und sich wo immer möglich auch heute noch gegen die Zeichen der Zeit stemmen. Diese Lesart blendet die historische Tatsache aus, dass die Schweiz im 20. Jahrhundert von Kriegen verschont geblieben ist, exakt die beiden Weltkriege aber für die internationale Durchsetzung des Frauenstimmrechts entscheidend waren. Zwischen 1918 und 1920 führten unter anderem Deutschland, Russland, Österreich und die anderen Nachfolgestaaten der Habsburgermonarchie, die USA und, mit Einschränkungen, Großbritannien das Frauenstimmrecht ein. Frankreich, Japan, Jugoslawien, Belgien und Italien folgten 1945/46.

Hier soll deshalb ein drittes Narrativ vorgeschlagen werden, nämlich dass die direkte Demokratie schweizerischer Prägung den Konstruktionsmangel gängiger parlamentarischer Systeme einfach stärker zur Geltung bringt, weil sie politische Korrektheit unterläuft. Das verspätete Frauenstimmrecht ist demnach bloß ein Symptom, nicht die Krankheit selbst. Der Konstruktionsmangel besteht darin, dass sämtliche westliche Demokratien von der Gleichheit der Menschen ausgehen und den Menschen als weißen heterosexuellen Mann denken. Gleichstellung bedeutet in diesen Systemen für Männer einen Verlust an Privilegien, von Frauen fordert sie eine Anpassung an die unausgesprochene Norm. Das wird nirgendwo deutlicher als in der Schweiz, wo das Frauenstimmrecht erst eine Chance hatte, als die Mehrheit der Männer bereit war, die Macht zu teilen. In keinem anderen Land war das Umdenken einer Volksmehrheit Voraussetzung für das Frauenwahlrecht. Im übrigen Europa genügte das Eigeninteresse der Parteien an der Vergrößerung ihrer Anhängerschaft. Außerdem musste man den Frauen allein schon aus wirtschaftlicher Notwendigkeit entgegenkommen – man brauchte sie für den Wiederaufbau.

Gemäß diesem Narrativ darf das fünfzigjährige Jubiläum des Frauenstimmrechts in der Schweiz nicht einfach als verspäteter Etappensieg im Kampf um Gleichberechtigung gefeiert werden. Denn Symptombekämpfung genügt nicht mehr. Vielmehr muss es heute, da die rechtliche Gleichstellung zumindest auf dem Papier erreicht ist, darum gehen, den Konstruktionsfehler auszumerzen und neue Normen des Zusammenlebens zu etablieren. In der Politik, in der Wirtschaft, in den Schulen.

1. Eine freiheitliche liberale Politik behauptet nicht die Gleichheit der Menschen, sondern sucht nach angemessenen Wegen, mit der real vorhandenen Ungleichheit umzugehen, ohne dass daraus Herrschaft entsteht.

2. Das Frauenstimm- und -wahlrecht ist keine isolierte Maßnahme. Mindestens genauso wichtig war die Revision des Ehe- und Scheidungsrechts, die Fristenlösung oder das Recht zur eingetragenen Partnerschaft für homosexuelle Paare. Das Frauenstimmrecht ist bloß ein Baustein einer umfassenden Kritik der heteronormativen patriarchalen Gesellschaft.

3. Politische, aber auch wirtschaftliche Ämter und Karrieren sind von Männern für Männer entwickelt worden. Frauen wurden erst spät zugelassen und werden erst seit

kurzem dort auch willkommen geheißen. Das führt dazu, dass Frauen sich seltener zur Wahl stellen, mit den Strukturen mehr Mühe bekunden und kritischer beobachtet werden. Gleichschaltung ist keine Gleichstellung. Wenn die männliche Norm bestehen bleibt, können die Frauen immer nur mitmischen, indem sie sich anpassen. Was wir brauchen sind neue, tatsächlich demokratisch gestaltete Spielregeln in der Politik, in Wirtschaft, Kultur und Bildung.

4. Wenn Frauen sich nicht für Parteipolitik interessieren, heißt das nicht, dass sie apolitisch sind. Politik findet nicht nur in Parteien und Parlamenten statt, sondern überall da, wo Menschen über Regeln des Zusammenlebens verhandeln. Also auch in Vereinen, im Büro, am Esstisch.

5. Männer legen mehr Wert auf öffentlichen Status. Frauen gelten als teamfähiger. Beides sagt wenig über die Charakteristika des jeweiligen Geschlechts aus, aber viel über seine Wahrnehmung in unserer Gesellschaft. Ein Politiker, der seinen Gegner verbal in die Ecke drängt, erhöht seine wahrgenommene Männlichkeit, während eine Politikerin bei gleichem Verhalten ihre Weiblichkeit aufs Spiel setzt. Diese Dynamik führt dazu, dass Frauen gelernt haben, zu moderieren und zu vermitteln, ohne nach außen aufzutrumpfen. Nur eine Gesellschaft, die sich versteckter Geschlechtsstereotype bewusst ist, kann sie auch bekämpfen.

6. Ziel der Emanzipation ist weder eine Angleichung der Frauen an die Männer noch eine Abgrenzung von ihnen. Das Männliche ist kein Maßstab, weder im Positiven noch im Negativen; genauso wenig ist es das Weibliche.

Das heißt nicht, dass Männer und Frauen nicht voneinander lernen können.

7. Lohnungleichheit besteht, aber sie ist nicht überall gleich stark. Und sie wird nicht im Büro gemacht, sondern im Kinderzimmer. Der durchschnittliche Gender Pay Gap ist deshalb keine sinnvolle Diskussionsgrundlage. Vielmehr sollte analysiert werden, welche Faktoren dazu beitragen, dass in gewissen Bereichen die Lohnschere stark auseinanderklafft (im oberen Management), anderswo aber gering ausfällt (Start-ups). Frauen müssen sich bewusst werden, dass sie längere Familienauszeiten und kleine Pensen mit Lohneinbußen bezahlen. Und die Politik hat dafür zu sorgen, dass Frauen für ihre Fähigkeit, schwanger zu werden und zu gebären, nicht mit einer kleinen Pension bestraft werden.

8. Gleichstellungsmaßnahmen sind nur dann sinnvoll, wenn sie auch tatsächlich etwas am System ändern. Der zweiwöchige Vaterschaftsurlaub, dem das Schweizer Parlament zugestimmt hat, tut das nicht. Er mag politisch korrekt sein, aber vierzehn Tage Wickeldienst der Väter wird absolut nichts daran ändern, dass die Mütter die Haupterziehenden bleiben. Es braucht eine Elternzeit, die den Mutterschutz abdeckt und mit Anreizen dafür sorgt, dass Männer einen wesentlichen Teil davon beziehen. Sie hilft zu verhindern, dass teuer ausgebildete Frauen in Minipensen verschwinden, sorgt für die Gleichberechtigung der Väter und tilgt strukturelle Diskriminierungen der Frauen bei der Arbeitssuche. Eine Elternzeit sollte sich die Schweiz etwas kosten lassen; sie ist eine Investition in den Wirtschaftsstandort.

9. Frauenrechte sind immer wieder Gegenstand politischer Verhandlungen. Wie man an der Abtreibungsdiskussion sieht, gibt es keine gradlinige Entwicklung hin zu mehr Geschlechtergleichheit. Wenn Trump uns etwas gelehrt hat, dann dass sogar politische Rechte von Mehrheiten wieder rückgängig gemacht werden, solange sie unter »Frauenanliegen« kleingeredet werden können.

10. Deshalb darf der politische Kampf um Gleichberechtigung von Frau und Mann kein Frauenanliegen bleiben. Er betrifft die ganze Gesellschaft. Wir brauchen keine Feministen, aber Männer, die das Weibliche nicht abwerten und den Ideen und Vorstellungen von Frauen genau dieselbe Wichtigkeit beimessen wie denjenigen von Männern.

Frauenquote – nicht streiten, einführen!

Fabienne Amlinger

Auch ein halbes Jahrhundert nach der Einführung der politischen Gleichberechtigung zwischen den Geschlechtern sind Frauen in der Politik schlecht vertreten – und zwar sehr bis erschreckend. Insbesondere die machtvollen politischen Ämter werden größtenteils von Männern besetzt. Über diese Tatsache mögen weder der seit den letzten eidgenössischen Wahlen rekordhohe Frauenanteil im Parlament noch die derzeitige Dreiervertretung von Frauen im Bundesrat oder ihre gerade mal vierzehn Monate andauernde Mehrheit in der über hundertfünfzigjährigen Geschichte der Landesregierung hinwegtäuschen. Und genau diese ungleiche und gegen das Demokratieprinzip verstoßende Repräsentation der Geschlechter scheint sich in unserer männerdominierten Gesellschaft nicht zu verändern. Wie könnte da Abhilfe geschaffen werden? Wie lassen sich die einflussreichen Posten gerechter verteilen – zumindest hinsichtlich der Kategorie Geschlecht? Immer wieder taucht ein Lösungsansatz auf: die Quote. Umstritten ist sie seit jeher, und der Aufschrei, den alleine schon das Q-Wort provoziert, ist bedeutend lauter als jener zum Grund, warum Quoten überhaupt gefordert werden, nämlich das extrem ungleiche Geschlechterverhältnis bezüglich Einfluss und (Gestaltungs-)Macht in unserer Gesellschaft.

Hier sollen nun nicht die überwältigenden Pro- und die einfach widerlegbaren Kontraargumente gegeneinander abgewogen werden. Eines sei aber vermerkt: Bei der Diskussion um die politische Repräsentanz von Männern und Frauen – wenn wir »einfachheitshalber« bei dieser holzschnittartig dichotomen und selbstverständlich unzulässigen Unterteilung der Geschlechter bleiben – geht es um nichts weniger als um das Verständnis von einer demokratischen und gerechten Gesellschaft.

Lasst Zahlen sprechen

Ohne statistisches Material lässt sich schlecht über Quoten diskutieren. Werfen wir also in die hitzige Debatte um Quoten einen ernüchternden Blick auf die nüchternen Zahlen zum Geschlechterverhältnis in der Politik. Nach der schamhaft späten Einführung der politischen Rechte für Frauen durften diese 1971 erstmals bei eidgenössischen Wahlen teilnehmen. Tatsächlich zogen elf Kandidatinnen ins Bundeshaus ein; eine Politikerin rückte infolge des Rücktritts eines Parteikollegen kurz darauf nach. Mit elf Nationalrätinnen und einer Ständerätin gestalteten Frauen folglich zu 5,5 respektive 2,3 Prozent – einer Quantité négligable – die Geschicke der schweizerischen Legislative mit. Bei den darauffolgenden Wahlen vier Jahre später zeigte sich die kleine Kammer bereits wieder frauenlos, und die Frauenvertretung des Nationalrates erhöhte sich gerade mal um fünf Frauen.

Es dauerte ein Vierteljahrhundert, bis Frauen im Nationalrat erstmals die Zwanzig-Prozent-Marke knackten. Ohne die vorausgegangene skandalöseste Bundesratswahl in der Geschichte der Eidgenossenschaft hätte dieser Etappensieg aber nicht errungen werden können. Als nämlich 1993 das männlich und bürgerlich dominierte Parlament der Sozialdemokratin Christiane Brunner den Eintritt ins höchste Exekutivorgan der Schweiz verweigerte, kochte die über Jahre angestaute Wut von Frauen über ihren chronischen Ausschluss aus machtvollen Positionen über. »Ich habe in diesem Saal die Nichtwahl von Lilian Uchtenhagen, die Schlammschlacht um und die Wahl von Elisabeth Kopp und heute die Schlammschlacht um Christiane Brunner erlebt. Das war dreimal zu viel! Es ist genug, und das Volk hat genug«,[1] so brachte es die Nationalrätin Leni Robert während der Bundesratswahl auf den Punkt. Tagelang demonstrierten Zehntausende Frauen auf den Straßen gegen die patriarchale Machtdemonstration des Parlaments und verkündeten, dass sie »nicht mehr länger bereit sind, anständig und brav zu sein«[2]. Der massive Protest war insofern erfolgreich, als in der Folge Ruth Dreifuss zur zweiten Bundesrätin der Schweiz gewählt wurde, der Bundesrat seit damals nicht mehr ohne Frauen denkbar ist und ihr Anteil in vielen politischen Gremien zulegte. War nun also die Zeit für eine gleichberechtigte Teilnahme von Frauen an der Politik reif, und hatten Frauen endlich lange genug gewartet, wie Gegner und Gegnerinnen von Quotenregelungen stets behaupten? Wie der weitere Verlauf der Geschichte zeigt, war der Frauenanteil in politischen Institutionen in den besten Fällen um die dreißig Prozent oder sank gar schier unbemerkt. Die »Wiege der Demokratie« schaukelte auch dann gemütlich weiter vor sich hin, als der Ständerat vor den letzten Wahlen 2019 und damit fast ein halbes Jahrhundert nach der Einführung des Frauenstimmrechts zu über 85 Prozent von Männern besetzt war. Selbst nach den sogenannten »Frauenwahlen« von 2019, bei denen Frauen im Ständerat 26,1 Prozent der Sitze gewannen, erscheint die Hoffnung auf eine sich von allein einstellende Gleichstellung der Geschlechter als naive Illusion.

Präzis sein

Worüber wird überhaupt gesprochen, wenn Wörter wie Quote, Geschlechterquote oder Frauenquote fallen? Frauenquote oder allgemein Geschlechterquote bezeichnen eine geschlechtsbezogene Quotenregelung bei der Besetzung von Gremien oder Stellen. Der angestrebte Zweck der Frauenquote ist die Gleichstellung von Frauen und Männern in jenem Bereich, in dem diese eingeführt werden soll. Von »sollen« kann im Grunde genommen aber nicht die Rede sein, denn die Quotenregelung zwecks Gleichstellung der Geschlechter basiert auf einer völkerrechtlichen Grundlage. Im Übereinkommen zur Beseitigung jeder Form von Diskriminierung der Frau (CEDAW) der Vereinten Nationen von 1981 ist ein entsprechender Passus. Die Schweiz hat das Übereinkommen 1997 ratifiziert und sich damit verpflichtet, dessen Bestimmungen umzusetzen. Allerdings schließt das Bundesgericht just bei Volkswahlmandaten Quoten aus. Eine solche verletze gemäß Bundesgericht die Wahlfreiheit und -gleichheit. Offensichtlich helfen auch die wiederholten Aufforderungen des CEDAW-Ausschusses, die Schweiz solle Quoten einführen, nichts. Stattdessen wird noch immer über Quoten verhandelt, das heißt mehrheitlich gestritten. Und das bemerkenswerterweise oft ohne große Kenntnisse der Sachlage und mit nur vagen oder schlicht falschen Vorstellung darüber, was Quoten überhaupt sind. Entsprechend mangelt es den Auseinandersetzungen an Differenzierung.

Kaum erwähnt wird etwa, dass es unterschiedlichste Formen von Quoten gibt. Die Lesenden sollen aber hier nicht mit detaillierten Ausführungen zu starren Quoten, Quoten mit Mindestanforderungen, bindenden Quoten, willkürlichen Quoten, harten oder weichen Quoten gelangweilt werden. Doch alleine diese Auflistung unterschiedlicher Quotenformen macht deutlich, dass insbesondere Kritikerinnen und Kritiker sich über dieses komplexe Thema gut informieren sollten, bevor sie bereits beim Hören des Wortes »Quote« schon aufbegehren.

Der gemeinsame Nenner der unterschiedlichen Quotenformen ist die dahintersteckende Absicht, die vielfältigen Gleichstellungsdefizite zu mindern, die Gleichstellung zwischen den Geschlechtern vorwärtszutreiben oder sie endlich zu erreichen. Denn eines ist sicher: Das demokratische Versprechen der Gleichstellung ist keine Frage der Reife der Zeit oder des geduldigen Wartens. Die in der Bundesverfassung festgehaltene Gleichstellung gibt es nicht etappenweise. Entweder sind die Geschlechter gleichgestellt, oder sie sind es nicht. Was wir bis heute leben, ist nichts anderes als ein ständiger Verfassungsbruch.

Was bedeutet es genau, wenn Frauen in politischen Positionen systematisch schlecht vertreten sind? Das heißt, dass die Machtsymmetrie zwischen den Geschlechtern eklatant verschoben ist. Wer die Macht hat, kann seine Ideen umsetzen, die Gesellschaft mitgestalten und mitbestimmen. Gemäß demokratietheoretischen Prämissen haben alle sozial relevanten Gruppen ein Recht auf eine ihrer Größe entsprechende Vertretung in politischen Willensbildungs- und Entscheidungsfindungsprozessen. Frauen – zweifellos eine sozial relevante Gruppe – stellen über die Hälfte der

Bevölkerung dar und haben folglich einen Anspruch auf die Hälfte der politischen Vertretung. Weniger als fünfzig Prozent Frauen in der Politik verstößt gegen diese fundamentale Prämisse.

Demokratie, Gerechtigkeit und Macht

Um das seit jeher in der Schweiz bestehende Demokratiedefizit zu beheben, sind Quoten ein wichtiges und wirksames Instrument. Sicher, die Mechanismen des politischen Ausschlusses von Frauen liegen tiefer und eine Quote kann Probleme wie die ungleiche Verteilung von bezahlter und unbezahlter Arbeit sowie Lohnungleichheit zwischen den Geschlechtern, Rollenbilder, einen grundsätzlichen Bewusstseinswandel in Sachen Gleichstellung, Sexismus, sozialisationsbedingte Benachteiligungen und viele weitere Verletzungen des Gleichstellungsgrundsatzes nicht oder zumindest nicht alleine lösen. Quoten in der Politik sind auch keine Garantie dafür, dass Frauen an die tatsächlich machtvollen Positionen gelangen. Und schließlich löst eine Frauenquote auch die Ungleichheiten innerhalb der Gruppe Frauen nicht.

Aber entweder kann mit Frauenquoten versucht werden, Diskriminierungen und Ungerechtigkeiten zu beseitigen, oder wir können weiterhin geduldig, sprich passiv warten und mit der bereits existierenden Quote leben, nämlich der Männerquote, die schon seit einigen Jahrhunderten existiert und gar nicht als solche wahrgenommen wird. Zum Schluss noch etwas für alle Quotengegnerinnen und -gegner: Mit Quoten fordern Frauen nur die Gleichstellung. Angebracht wäre eigentlich, über Entschädigung nachzudenken.

1 Amtliches Bulletin, 10. März 1993, S. 675.

2 Die Sozialdemokratin Jacqueline Fehr anlässlich der Demonstration auf dem Fraumünsterplatz in Zürich am 6. März 1993, SF Wissen, www.srf.ch/play/tv/rundschau/video/chronologie-der-br-wahl-vom-10--maerz-93?id=cdf892f2-05aa-48a8-a676-11cccfa40fa3 (28. Juli 2020).

Herzwärts kämpfen

Laavanja Sinnadurai

Allen Frauenrechtsaktivistinnen-
und -aktivisten, Secondas und Secondos
und der lieben Anna gewidmet.

Am 3. Februar 1990 wurde ich in Bern geboren und wuchs in einer fünfköpfigen tamilischen Familie in der Gemeinde Köniz bei Bern auf. Jetzt darf ich für dieses Buch als eine der Jüngsten, als Frau und Seconda einen Beitrag zum Fünfzig-jahrjubiläum des Frauenstimmrechts verfassen. Das ist für mich eine große Ehre, und es ist gar nicht so einfach.

Dieses Menschenrecht scheint mir so selbstverständlich! Ich konnte mit achtzehn Jahren abstimmen und wählen, wurde als Neunzehnjährige sogar als jüngstes Mitglied ins Gemeindeparlament von Köniz gewählt. Das hätte sich vor fünfzig Jahren wohl niemand vorstellen können.

Die Geschichte meiner Familie in der Schweiz beginnt 1983 mit der Flucht meines Vaters. Als junger Mann verließ er seine Heimat, seine Familie und seine Freunde und ge-langte in die Schweiz. Meine Mutter folgte ihm als Migrantin einige Jahre später. Ihre Geschichten haben mich geprägt. Als Kind von Vertriebenen beschäftigte mich vor allem die tamilische Flüchtlingswelle, die in den achtziger Jahren auf die Schweiz zukam. Die tamilische Diaspora begann zu wachsen, und es ergaben sich immer neue Berührungs- und Reibungspunkte im Einwanderungsland.

Weder meine Großmutter noch meine Mutter mussten sich mit dem Frauenwahlrecht beschäftigen, denn in Sri Lanka war das aktive und passive Wahlrecht bereits 1931 eingeführt worden. Also musste ich für diesen Beitrag in Büchern nachschlagen und im Internet meine Neugierde stillen. Ich suchte das Gespräch mit älteren Freundinnen, unter anderem mit Anna. Sie, eine liebenswerte Nachbarin, hat mir bei den Hausaufgaben geholfen, hat mir diktiert, hat mich Verben abgefragt; mit ihr habe ich Schweizer Geografie und Geschichte gelernt. Vieles, was ich über die Schweiz weiß, hat sie mir beigebracht. Ich unterhielt mich auch mit meinem Cousin, der Geschichte studiert. Ich hörte Radioaufnahmen von Frauenstimmrechtsaktivistinnen, die den ersten Urnengang erlebten hatten, sah mir Videos und Plakate an, die als Abstimmungspropaganda benutzt worden waren. So verbrachte ich Tage in der Unibibliothek an der Münstergasse in Bern. Und oft lächelte ich in mich hinein. Als Mediatorin liegt mir am Herzen, beide Konfliktparteien zu verstehen und die hinter den verhärteten Positionen steckenden Interessen und Bedürfnisse zu eruieren.

Ich begab mich also auf eine Zeitreise und ließ die Argumente der damaligen Frauen auf mich wirken. Ich verspürte Ehrfurcht vor ihnen, die diesen Kampf für Gleichberechtigung trotz Niederlagen und Rückschlägen hartnäckig geführt hatten. Ich war traurig und entsetzt, weil ich nicht verstand, weshalb sich dieser Geschlechterkonservatismus in der Schweiz so lange hatte halten können. Mich überkam Wut, als ich las, dass einige Männer befürchteten, das Wesen der Frau könne durch das Frauenstimmrecht »entarten« und

»vermännlichen«. Den Einwand, dass das Frauenstimmrecht unbiblisch sei, fand ich interessant, genauso wie die Tatsache, mit welchen Mitteln noch bis in die Mitte des 20. Jahrhunderts gekämpft worden war. Ungläubig den Kopf geschüttelt habe ich über die hilflose Behauptung, Frauen trügen die Schuld an der Wahl Hitlers und damit an der schlimmsten antidemokratischen Entwicklung in Europa.

Dieser Kampf der Schweizerinnen gab mir zu denken. Ich lehnte mich zurück, starrte an die wunderschöne Decke des Lesesaals mit dem prachtvollen Stuck und erkannte langsam gewisse Parallelen zu meinem Dasein als tamilische Seconda.

Ich muss etwas ausholen. Secondas und Secondos wissen, dass ihre Situation in der Schweiz zwischen völlig verschiedenen Kulturen eigene Herausforderungen an sie stellt. Ihre Eltern sind aus einem anderen Land hierher geflüchtet und tragen ihre Wert- und Kulturvorstellungen in sich, die sie an ihre Kinder weitergeben möchten. Die hier geborenen tamilischen Mädchen sind sich zunächst ihres Migrationshintergrundes kaum bewusst, denn sie führen in ihrer Kindheit meist ein unbeschwertes Leben. Erst in den Jugendjahren, wenn die Freiheiten nach und nach eingeschränkt werden, sinken sie in einen Spagat zwischen zwei Welten. Die Suche nach Identität und Heimat beginnt. Ich konnte sie im Alter von achtzehn Jahren im Rahmen meiner Maturaarbeit vertiefen. Ich beschäftigte mich für diese Arbeit mit der tamilischen Diaspora in der Schweiz. Diese erachte ich als meine zweite Heimat, in welcher ich Kultur und Werte der tamilischen Gesellschaft lebe und erlebe.

Der über drei Jahrzehnte während Bürgerkrieg in Sri Lanka hat nicht nur viele Menschen – darunter meine

Eltern – gezwungen, ihr Zuhause zu verlassen. In der Diaspora legten die Tamilen auch großen Wert darauf, ihre Kultur weiter zu leben und zu pflegen, damit ihre Kinder sich ihr nicht entfremden. Die Secondas und Secondos entwickelten großartige Fähigkeiten, sich elegant in beiden Welten zu bewegen. Sie wissen, als Hoffnungsträger der Eltern, dass diese viel geopfert haben, um der Familie den sozialen Aufstieg in der Schweiz zu ermöglichen. Aber nicht alle ihre Werte können sie mit dem Leben in der Schweiz vereinen. Die Jungen können beispielsweise mit dem in die Schweiz mitgebrachten Kastendenken ihrer Eltern nichts anfangen (auch wenn in der Schweiz vor gar nicht so langer Zeit inoffiziell noch ähnlich gedacht wurde). Für die Älteren war es selbstverständlich, dass ihre Töchter sich mit einem Landsmann vermählen, am besten mit einem aus derselben Kaste. Spätestens an diesem Punkt erweist sich der Spagat zwischen den Kulturen für viele Secondas als schwierig. Als Lebenskünstlerinnen versuchen wir, einen eigenen Weg zwischen Selbsttreue, den Erwartungen der Eltern und der tamilischen Gesellschaft zu finden. Und wir versuchen, Brücken zu schlagen. Aber sie taucht unweigerlich und immer wieder auf, die Frage: Und wann beabsichtigst *du* eigentlich zu heiraten?

Unsere Mütter waren wegen des Kriegs gezwungen, ihre Familie zu verlassen und in ein fremdes Land zu einem fremden Mann zu reisen. Die arrangierte Hochzeit wurde dort gefeiert, und die Kinder kamen in der Diaspora zur Welt. Nun sind die Kinder groß und leben nach unterschiedlichen Werten in zwei verschiedenen Kulturen. Für viele junge Tamilinnen ist es selbstverständlich, sich als Frauen entfalten und eigene Wege gehen zu wollen. Dies stößt bei den

Müttern jedoch nicht immer einfach auf Akzeptanz. Die Konflikte zwischen Müttern und Töchtern in ihrer jeweiligen Lebenssituation sind vorprogrammiert. Während die Träume der Mütter in immer weitere Ferne rücken, führen die Töchter in der Schweiz ein Doppelleben. Sie schätzen ihre Freiheiten, kennen aber auch die Erwartungen der Eltern. Motiviert und gestärkt werden wir Töchter von unserer Umgebung, von Freunden und Menschen wie Anna. Sie haben uns das Leben hier erklärt und uns mit den Gepflogenheiten bekannt gemacht. Aber können wir riskieren, die Akzeptanz der Eltern und der familischen Gemeinschaft zu verlieren? Oder müssen wir die Balance zwischen zwei Welten aufrechterhalten? Wir wissen, was unsere Eltern geopfert haben und wie viel Fleiß und Schweiß sie das gekostet hat. Es braucht viel Mut, Kampf und Durchhaltevermögen auf beiden Seiten.

Da flammt er auf, mein innerer Kampfgeist, der mich an die unzähligen Frauenrechtsaktivistinnen erinnert, die jahrelang unermüdlich für ihre Rechte kämpften. Wir sind alle Töchter des Feminismus. Wir brauchen Mut, Kraft und Selbstvertrauen, um herzwärts zu kämpfen. Das Frauenstimm- und -wahlrecht ist nun in der Schweiz seit fünfzig Jahren Tatsache, doch auf dem Weg zur vollen Gleichberechtigung gibt es noch zahlreiche Baustellen. Seit Jahren kämpfen Frauen für Gerechtigkeit bei Lohn- und Betreuungsfragen. Das ist gut. Aber es gibt noch mehr Ungerechtigkeit. Zahlreiche Secondas führen hier in ihrer Diaspora einen eigenen stillen Kampf für Gleichberechtigung und verfügen zum Teil über noch viel weniger Rechte. Für sie erhebe ich meine Stimme.

Unter uns Frauen in der Schweiz braucht es eine Solidarität, die ein dauerhaftes und anhaltendes Engagement ermöglicht. Die feministische Bewegung braucht Vielfalt, Unterschiedlichkeit und sogar Uneinigkeit, wenn sie sich weiterentwickeln und erweitern will. Unsere Kulturen bieten Vielfalt. Wir kämpfen unterschiedlich. Zum Beispiel sollte aus meiner Sicht die Lohnfrage nicht das einzige zentrale Frauenanliegen sein.

Mein Vorschlag, wie diese kulturübergreifende feministische Solidarität aussehen soll: Machen wir uns zunächst bewusst, dass die Frauen in der Schweiz in ihren jeweiligen Situationen ihren persönlichen stillen Kampf tagtäglich verfolgen. Führen wir den interreligiösen und interkulturellen Dialog frauenspezifisch weiter, um die kulturübergreifende feministische Solidarität zu stärken. Diese Solidarität ist heute in der Schweiz notwendiger denn je!

Den bewundernswerten Frauenstimmrechtsaktivistinnen und -aktivisten möchte ich mit einer besonderen tamilischen Lebensweisheit von Thiruvalluvar danken:

செய்யாமல் செய்த உதவிக்கு வையகமும்,
வானகமும் ஆற்றல் அரிது.

Hilft ein Mensch unaufgefordert und selbstlos einem anderen, reichen Himmel und Erde kaum als Dank.

garen

Vergangene Zukunft

Laura de Weck

Verena, 85: Jeden morgen schlage ich die Augen auf, und es ist sechs Uhr. Jeden morgen. Ohne Wecker. Ich öffne die Augen und sehe auf meine Wanduhr und auf die Sechs. Wie ein Regelwerk. Und dann greife ich zu meinem Tablet, weil ich darauf ein Abonnement habe mit dem Internet und der Zeitung.

Früher musste ich für die Zeitung noch zum Briefkasten, und mich anziehen, weil ich ja nicht im Nachthemd vor die Tür kann, und die Lippen röten, weil ich vielleicht jemanden antreffe an der Tür, und mich unterhalten mit dem Nachbarn vor der Tür, um dann zu merken, dass man den Schlüssel vergessen hat für die blöde Tür. Aber heute? Heute muss ich für die Zeitung keinen Schritt mehr tun, und das nennt man Fortschritt. Alles wird schneller, bequemer, schöner. Aber nichts wird klüger, gerechter und friedlicher. Das weiß ich, spätestens nachdem ich die Zeitung von oben bis unten durchgewischt habe. Die Nachrichten heute sind die gleichen wie in meiner Jugend. Frauenhasser, narzisstische Staatsoberhäupter, Nationalismus. Als hätte sich zwischendurch nichts verändert, wacht alles Grässliche aus dem Schlaf auf, wie ein Regelwerk. Und wenn ich nach der Lektüre um Punkt sieben wieder auf meine Wanduhr schaue, dann möchte ich mich manchmal an diese dünnen Uhrzeiger

krallen, sie festhalten und sie anflehen, bitte nicht fortzu-
schreiten in diese schreckliche Vergangenheit.

Meistens schlafe ich dann erschöpft bis Punkt acht wieder ein. Aber heute kann ich nicht schlafen. Ich ärgere mich
einfach zu sehr. Als mein Enkel mich neulich fragte, was ich
denn vom Women's March halte, dachte ich, er braucht das
für den Geschichtsunterricht. Als wir damals auf die Straße
gegangen sind für das Frauenstimmrecht. Und jetzt ist das
fünfzig Jahre her, aber die Women müssen immer noch
marchen. Denn just las ich in meiner Zeitung, dass Großbritannien nun seine Gesetze zu diesen erotischen Filmen
erneuern will. Neu dürften gewisse Bilder und Praktiken
nicht mehr gezeigt werden, unter anderem die weibliche
Ejakulation. Herrgott, ich habe heute nun wirklich kein
Interesse mehr, weder eine männliche noch eine weibliche
Ejakulation in Nahaufnahme zu schauen. Aber warum muss
jetzt ausgerechnet die weibliche verboten werden? Warum
darf in Großbritannien gezeigt werden, wie das männliche
Geschlecht in ein Frauengesicht sticht, aber nicht mehr, wie
das weibliche Geschlecht auf einem Männergesicht sitzt?
Wieso? Müssen wir jetzt wieder von vorn anfangen? Müssen
wir uns jetzt wirklich wieder schämen für unsere Lust, unser
Geschlecht, unsere Fantasie und unsere Kraft, Herrgott?
Erst machen sie die Grenzen dicht, dann die Frauen, dann
die Zeitungen, dann die Kulturinstitutionen und dann alle
anderen Freiheiten. So ist es immer schon gewesen, Jesus,
Maria!

Oje, der Arzt hat mir gesagt, ich solle mich nicht mehr so
viel aufregen. Das Aufregen hätte doch gar keinen Sinn. Frau
Weber, sagt er dann, in ihrem Alter macht das alles gar
keinen Sinn. Vielleicht hat er recht? Warum sich aufregen,

wenn sich alles wiederholt wie ein Regelwerk, wie eine innere Uhr, die den Menschen alle paar Jahrzehnte daran erinnert, dass er ein hässliches Tier ist.

Vielleicht sollt ich nochmals schlafen. Es ist schon acht und ein wenig tröstlich, dass die Welt sich nimmer ändern wird. So kann ich nämlich beruhigt ins Grab gehen. Ich weiß, ich werde nichts verpassen. Nichts. Ich weiß, auch die Enkel meiner Enkelkinder werden ihr Leben lang fassungslos vor dem Menschen stehen und sich fragen, warum? Obwohl ich meine Enkelin in Zukunft eigentlich gern auf einem Migrants' March hätte sehen wollen, wird sie eben doch zu einem Women's March gehen und diesmal ihre digitalen Transparente in die vernetzte Luft halten.

Ach, Herrgott, die Uhr ist stehen geblieben! Die Wanduhr. Ist das möglich? Sie geht nicht mehr. Die Zeit steht still. Oder wurden meine Gebete erhört? Oder bin ich tot? Hallo? Herrgott? Ach, ich habe die Uhr ja sowieso in mir drin. Ich weiß, es ist halb neun, und um halb neun wird gestrickt. Söckchen für die Kleinen, Pussyhats für die Großen, wie ein Regelwerk: Inestäche, umeschlaa, durezie und abelaa, inestäche, umeschlaa, durezie …

Girls like Girls

ANNA ROSENWASSER

»Let's get one thing straight: I'm not«, steht auf den Stickern, die ich gerade an Hunderte von Frauen verteile. Pride 2019. Der ganze Zürcher Helvetiaplatz ist voll von Menschen, deren Euphorie die sonst übliche Zurückhaltung vergessen macht. Ich verliere an solchen Anlässen jeweils Zeitgefühl und Namensgedächtnis. Too gay to function. Jedenfalls drücke ich da lauter herzigen Queers Aufkleber in die Hand, wo eben dieses englische Wortspiel draufsteht, mit der Pointe, dass man nicht hetero ist. Let's get one thing straight: I'm not.

»Stickers?«, frage ich eine junge Frau, die mit ihren Freundinnen herumsteht. Sie ist vermutlich kaum volljährig, hat dunkles Kraushaar und sieht mich an, als hätte ich ihr gerade ein Zweihunderternötchen in die Hand gedrückt. Ihre Augen öffnen sich tellerweit, der Mund auch, und dann – beginnt sie zu weinen.

An diesem sonnigen Samstagnachmittag, mitten auf dem Helvetiaplatz, steht eine lockige Teenagerin vor mir und weint bitterlich zwischen Regenbogenfahnen. Ich muss natürlich auch weinen, und wir umarmen uns, wenngleich ich nicht weiß, wieso, ich gebe ihr Stickers und sie mir ihren Instagram-Namen. Vor unserem Abschied fragt sie mich noch, ob wir zusammen ein Selfie machen können. Wir streichen uns die Tränen aus dem Gesicht und posieren für die Handykamera.

Tags darauf setze ich mich mit dem Handy aufs Sofa und schaue nach, wer diese junge Frau ist. Und tatsächlich, wir hatten schon einmal Kontakt, via Instagram, wo ich im Namen der Lesbenorganisation Schweiz (LOS) einen Account führe. »I hätt e Frag«, hatte sie mir dort drei Monate zuvor geschrieben. »Mi Vater isch meeegaa homophob und er ignoriert mi scho siteme Monet willi ihm ha xeit er söll sech izz mal dermit abfinde dsi würkläch uf froue stah. Was chönti mache ds er wiedr mit mir redet?« Ich hatte ihr einen halben TEDTalk gehalten daraufhin. Via Sprachnachricht, dann noch schriftlich – bei Weitem nicht das erste Mal in meiner Zeit als Berufslesbe. Eltern, die mit den Normabweichungen ihrer Kinder hadern, sind ein häufiger Schmerzpunkt im Leben queerer Teenager. Wenn du eine siebzehnjährige Lesbe bist, bestimmen deine Eltern, ob du zur queeren Jugendgruppe gehen, dein Schätzli nach Hause bringen, die Regenbogenfahne an die Zimmerwand hängen darfst. Auch, ob das Coming-out zu Hause eine Formsache oder eine potenzielle Gefahr ist. Ich bezweifle, dass ihre Eltern wissen, wo sie an diesem Samstagnachmittag war.

Das Erlebnis an der Pride war ein sehr generationenspezifisches. Vor fünfzig Jahren gab es noch keine Lesbenorganisation, an die sich frauenliebende Frauen wenden konnten, keine Pride, wo man sexuelle Vielfalt feierte, noch keine Selfies auf dem Helvetiaplatz. In den Siebzigern waren Lesben zwar ein maßgeblicher Teil der Schweizer Frauenbewegung, gleichzeitig aber nicht sichtbar; homosexuell, das waren Männer. Die Schwulen oder, wie es damals gern hieß, die Homophilen. Dass Männer untereinander Anziehung verspüren und dieser nachgehen, galt zwar als ekel- bis krankhaft, aber man glaubte zumindest, dass sie existierten. Den Frauen ohne männlichen Partner gestand man keine Sexualität zu. Man glaubte nicht, dass es Lesben wirklich gibt.

The struggle is real. Wir lesbischen, bisexuellen und queeren Frauen schlagen uns heute mit recht ähnlichem Blödsinn herum. Zwar auf den Schultern unserer Vorkämpferinnen, mit mehr Rechten als je zuvor – aber entlang derselben Probleme wie schon vor fünfzig Jahren. Heutige Teenagerinnen, die auf Frauen stehen, kriegen am häufigsten Kommentare zu hören wie »Das ist doch nur eine Phase« und »Wie habt ihr eigentlich Sex?«. Weil sich auch noch heute viele Leute nicht vorstellen können, dass weibliche Sexualität ohne Männer funktioniert. Diese Ansicht zu ändern, ist keine lesbische Aufgabe. Es ist eine feministische Aufgabe.

Einmal saß ich mit einem stockheterosexuellen Bodybuilder in einer Schwulenbar und unterhielt mich über Homosexualität. »Wenn ich dir das Wort Lesbe sage, an was für eine Frau denkst du da?«, fragte ich ihn. Meine Frage zielte natürlich auf das Klischee der Kampflesbe ab, das, was in der Szene »Butch« genannt wird: kurze Haare, ungeschminkt, Kleider aus der Männerabteilung. Auf diesem Bild basierend, so mein Vorhaben, hätte ich dem Bodybuilder vorschwärmen können, wie vielseitig lesbische und bisexuelle Frauen aussehen. Ich beging jedoch einen Denkfehler. »Ja, halt so blondi Haar, langi Nägel, bombe Figur …«, zählte er auf, leicht verlegen. Ich verstand die Welt nicht mehr. Wo waren meine geliebten Kampflesben? Welchen hyperfemininen Lesben war dieser Bodybuilder in seinem

Leben schon begegnet? Keinen, stellte sich heraus. Er hatte einfach das aufgezählt, was ihm in Lesbenpornos gezeigt wird.

Lesbenpornos gehören zu den beliebtesten Kategorien innerhalb der Pornografie. Dass lesbische Frauen wohl kaum in die Produktion dieser Filme involviert sind, zeigt sich alleine schon daran, dass der Bodybuilder mir »lange Nägel« als primäre Eigenschaft aufgezählt hat.[1] Ich fand das natürlich lustig, aber es machte mich auch nachdenklich. Wenn nicht einmal mehr das Klischee von Lesben bekannt ist, wie unsichtbar sind wir dann eigentlich? Es ist ein Problem, wenn die eigene Identität zum Feindbild stilisiert wird. Aber es ist ein völlig anderes Problem, wenn man derart aus der Gesellschaft ausgeblendet wird, dass nicht einmal mehr die Klischees bemüht werden. Einem Feind gesteht man wenigstens zu, dass er existiert.

Diese Unsichtbarkeit ist keine Frage der Homosexualität. Sie ist spezifisch weiblich. »Kommt die Schwulenehe in die Schweiz?«, heißt es in Schweizer Zeitungen, oder: »Zürcher Schwulenparade bricht Teilnehmerrekord«. Leute, die ihre Brötchen mit Sprache verdienen, schleppen das generische Maskulinum bis zu uns Homos. Als gäbe es die Ausdrücke »Ehe für alle« oder »Pride-Umzug« nicht, als wäre der einzige Ort für das Wort »Lesbe« eine Pornokategorie. Wie ironisch, wie sich hier die Geschichte wiederholt! Die Identität lesbischer Frauen wird erst dann anerkannt, wenn sie für die männliche Sexualität instrumentalisiert werden kann. Abseits von der Pornografie werden Frauenpaare auch noch dann für Schwestern oder beste Freundinnen gehalten, wenn sie händchenhaltend durch die Straßen gehen. Wir könnten der Welt eine dreistündige Powerpointpräsentation über unsere Liebesbeziehungen bieten, und sie würde unsere Zuneigung oder unser Begehren noch immer auf eine rein platonische Angelegenheit reduzieren.

Weil lesbische Liebe im Alltag kaum präsent ist und auch nicht wahrgenommen wird, wollen sich viele junge Frauen, die auf Frauen stehen, nicht als Lesben bezeichnen. Auch, weil es schmutzig klingt und unhübsch. Die meisten homo- und bisexuellen Jugendlichen bezeichnen sich als »gay«, Jungs wie Mädchen, und als breiter gefasster Begriff ist »queer« sehr beliebt. »Queer« ist quasi das verheulte Pride-Selfie aller Wörter, für ältere Generationen oft unvorstellbar, es zu benutzen. Da haben Lesben jahrzehntelang dafür gekämpft, dass sie nicht einfach als Schwule 2.0 gelten, und dann kommt eine neue Generation und eignet sich einen geschlechtsneutralen Überbegriff an?

Es ist eine Debatte, die zwischen den Generationen politischer Lesben oft, gerne und emotional geführt wird. Ich glaube, das gut zu verstehen, will aber jeweils am liebsten einbringen: Wie schön ist das denn. Dass junge Frauen heute Wörter, Begriffe, Stichworte haben, an denen sie sich entlanghangeln können. Die sie heimlich auf YouTube nachsehen, in Suchmaschinen tippen. Die sie stolz auf dem Helvetiaplatz skandieren oder wütend ihren Eltern entgegenschleudern. Das hatten nicht alle. Das hatten frauenliebende Frauen vor fünfzig Jahren noch nicht: eine Wahl.

Wieder wehen mitten in Zürich zahlreiche Regenbogenflaggen, mit kollektiver Euphorie. Diesmal sind es vor allem Frauen, und zwar im Saal des Club Kaufleuten. »Hayley Kiyoko Lesbian Jesus«, steht auf einem Schild, das in Richtung der noch leeren Bühne gehalten wird. Hayley Kiyoko ist eine amerikanische Sängerin, Jahrgang 1991, und ihr Übername lautet tatsächlich Lesbian Jesus. Wenn Teenagerinnen heimlich »lesbian« eingeben auf YouTube, kommen früher oder später Hayleys Videoclips. Sie haben über hundert Millionen Views, zeigen lesbische Liebe und tragen Titel wie »Girls Like Girls«. Das Treiben im Saal kurz vor Konzertbeginn fühlt sich ein bisschen an wie eine Pride. Natürlich bin ich da, um die Sticker der LOS zu verteilen. »Let's get one thing straight: I'm not«.

Diesmal weint niemand.

---

1 Viele Frauen, die Sex mit Frauen haben, haben kurze Fingernägel, weil das Sex (namentlich die Penetration mit Fingern) einfacher und sicherer macht.

Lasst uns daran glauben!

Gisela Feuz

In meiner ersten Kolumne, die ich für die Zeitung *Der Bund* verfasste, schrieb ich über den Berner Fußballclub Young Boys. Also eigentlich schrieb ich ja über den Film *Mario*, in dem die Geschichte zweier homosexueller Fußballer erzählt wird, die beide beim BSC YB kicken und sich ineinander verlieben. Verschiedene Studien zeigen, dass europaweit zwischen sieben bis zehn Prozent der Bevölkerung schwul, lesbisch oder bisexuell sind. Bis heute haben sich weltweit aber gerade mal drei Fußballer als schwul geoutet – alle erst nach Beendigung ihrer Karriere.

Wie ich in der Kolumne darlegte – nachdem ich mich für die Leitung eines Podiums eingehend in die Thematik eingelesen hatte –, gibt es neben persönlichen auch ökonomische und strukturelle Gründe, warum sich aktive Fußballer nicht outen wollen. Zudem trägt das aggressive Männlichkeitsbild seinen Teil dazu bei, welches in der Fußballwerbung gerne zelebriert wird. Männliche Homosexualität, die gemeinhin mit Weichheit, Schwäche und Weiblichkeit konnotiert wird, scheint nicht zum Bild des martialischen Kämpfers mit hohem Testosteronspiegel zu passen, der gerne schreiend und mit angespannten Muskeln abgebildet wird. Auf der anderen Seite stehen dafür Fußballerinnen unter Generalverdacht, lesbisch zu sein, weil eine kampfbetonte Sportart nach landläufiger Meinung doch höchstens von »nicht ganz richtigen, viel zu männlichen Frauen«, also Lesben, praktiziert werden könne.

Als meine Kolumne online ging, dauerte es nicht lange, bis der erste Kommentar daruntergesetzt wurde: »Wenn Frau sonst schon nichts beizusteuern vermag, soll sie doch bitte über Frauenthemen schreiben.« Ein Rundumschlag eines gewissen Volkan O., der mich erst mal leer schlucken ließ und der in mehrfacher Hinsicht perfide ist. Zum einen wird die Thematik von unterdrückter Sexualität und Homophobie im Fußball als nicht relevant abgetan, zum anderen werde ich als Journalistin auf mein Frausein reduziert und in die Ecke der »Frauenthemen« verbannt. Das geht gar nicht – so weit, so klar. Und doch, obwohl mir rational bewusst war, wie hanebüchen dieser Kommentar ist, meldeten sich Zweifel. Sollte ich als Frau vielleicht doch den Männern ihre Domäne Fußball überlassen? Steht es mir als heterosexueller Frau überhaupt zu, über homosexuelle Fußballer zu schreiben? Ist mein Text fundiert? Habe ich genügend recherchiert? Bin ich eine gute Journalistin?

Beim Leiten von Podiumsdiskussionen passiert es immer wieder, dass die große Mehrheit der Teilnehmenden männlich ist. Man habe einfach nicht mehr Frauen gefunden, die sich öffentlich zu einem Thema äußern wollten, sagen die Veranstaltenden. Diese müssten halt besser nach geeigneten Frauen suchen, wird von der Gegenseite moniert. Es ist in der Tat so, dass ein rein männliches Podium heute nicht mehr stattfinden darf; in diesem Sinne stehen die Veranstaltenden hier in der Pflicht. Auf der anderen Seite weiß ich aus eigener Erfahrung, dass tatsächlich weniger Frauen als Männer gewillt sind, auf einem Podium Stellung zu beziehen. Fragt man nach, zielen die Begründungen alle in die gleiche Richtung: Frauen fürchten, in einer allfälligen Diskussion unterzugehen; Selbstzweifel suggerieren, man sei nicht gut, intelligent und redegewandt genug, und das selbst dann, wenn es sich um kompetente Expertinnen mit fundiertem Wissen handelt.

Szenenwechsel. Ich singe seit zwölf Jahren in einer Rockband. Treffen wir für ein Konzert in einem Club ein, präsentiert sich mir dort oft das gleiche Bild. In anderen Bands spielen ausschließlich Männer – oft bin ich die einzige Frau auf weiter Flur. Rockmusik war lange Zeit die Angelegenheit junger, wilder Männer, weswegen Frauen die Vorbilder auf Bühnen fehlten. Dies ist nur einer der Gründe, warum heute im Pop-Rock-Bereich die Quote musizierender Frauen unter zehn Prozent liegt. Nebst sexistischen Rollenbildern (Männer sind Stars, Frauen Groupies), die sich auch strukturell in der Musikszene manifestieren, kommt noch etwas anderes hinzu. Im Verlauf der Jahre und zahlreicher Gespräche habe ich den Eindruck gewonnen, dass sich Frauen erst ins Rampenlicht stellen wollen, wenn sie glauben, dafür bereit zu sein. Wer mag es ihnen verübeln, denn schließlich wird man als »Frauenband« immer speziell in den Fokus genommen. Bloß, man ist eigentlich nie für das Rampenlicht bereit. Auch Männer nicht. Die trauen sich einfach, so zu tun, als ob.

Seit fünfzig Jahren können wir Frauen an Urnen das öffentliche Leben mitbestimmen und sind den Männern diesbezüglich auf dem Papier gleichgestellt. Was unser Auftreten in der Öffentlichkeit anbelangt, besteht aber noch Aufholbedarf. Zu tief sitzen sie immer noch im kollektiven Bewusstsein, die veralteten Rollenmuster, die Männlichkeit mit Dominanz, Aktivsein und Selbstbewusstsein paaren und die Frauen aus dem Rampenlicht in die Privatsphäre, in die Passivität und Unsicherheit verbannen. Ein alter Zopf? Kürzlich habe ich nach der Aufführung eines Weihnachtsmärchens sechsjährige Kinder interviewt. Diejenigen, welche sich ans Mikrofon drängten und lauthals ihre Meinung kundtun wollten, waren die Buben. Die Mädchen hielten sich im Hintergrund.

Das Bewusstsein über die weitreichenden und anhaltenden Folgen von männlich dominierten Machtstrukturen und Diskursen stellt sich erst langsam in der Öffentlichkeit ein. Ebenso die Erkenntnis, wie tief Rollenklischees sitzen und selbst im Alltag von modernen jungen Frauen noch greifen. Dabei würde das Aufbrechen von Stereotypen allen dienen, schwulen Fußballern, »weiblichen« Lesben wie lauten Rockerinnen.

Liebe Frauen, lasst uns unseren Teil beitragen! Lasst uns unsere Selbstzweifel bezwingen, dafür unser Selbstvertrauen stärken! Lasst uns nicht nur überlegen und zweifeln, sondern auch anpacken! Lasst uns laut sein und im Rampenlicht stehen, wenn uns danach ist! Lasst uns die Faust nicht nur symbolisch in die Luft recken, sondern damit auf den Tisch hauen! Lasst die Welt, unsere Männer, Frauen, Töchter und Söhne wissen, wie gescheit und talentiert wir sind! Und lasst uns selber daran glauben, weil es wahr ist!

Das Vergessen und das Erinnern

Über eine Feier, einen Blick auf eine Frau
und ein literarisches Bündnis mit der Zeit

Yael Inokai

Es ist der 14. November 2019. Während ich schreibe, versuche ich mir die Schweiz zu denken, wie sie in zwei Jahren sein wird, wenn dieser Text gedruckt und veröffentlicht ist. Das Frauenstimmrecht jährt sich dann zum fünfzigsten Mal. Ich stelle mir eine Feier dazu vor. Groß ist sie. Und traurig. Fünfzig Jahre, was ist das schon, in Anbetracht dessen, wie alt die Demokratie in der Schweiz ist?

Auf dieser Feier wird es nur um Frauen gehen, verstorbene wie lebende. Frauen, die uns geprägt haben. Frauen, die in der Schweiz den Weg dazu geebnet haben, dass wir eine politische Stimme erheben können. Frauen wie Helene von Mülinen und Iris von Roten. Frauen, die die Welt der Dichtung und Imagination geöffnet haben und dabei auch Worte für den Schmerz fanden, wie Annemarie Schwarzenbach und Mariella Mehr, wie jenseits der Landesgrenzen Audre Lorde und Natascha Wodin.

An Frauen wird nicht automatisch erinnert. Das ist in unserer patriarchalen Gesellschaft nicht vorgesehen. Sie begleiten uns nicht mit aller Selbstverständlichkeit, ihre Stimmen sind nur allzu selten Schulmaterial, ihre Worte sind allzu selten ausgestellt in den Bibliotheken oder in Gespräche und Artikel eingewoben; es wird kaum auf sie Bezug genommen, denn sie waren und sind nicht das Eigentliche, sondern das Andere, und sie geben keinen Aufschluss über das Mensch-, sondern lediglich über das Anderssein – so wird ihr ständiges Verschwinden immerfort begründet. Deshalb müssen wir ihre Namen auch immer und immer wieder nennen, sie ausgraben, zeigen, besprechen, verhindern, dass die Zeit sie wieder vergräbt und das Ganze von vorne beginnen muss.

Es wird bei dieser Feier auch um die Frauen gehen, die wir lieben. Es werden lesbische Paare da sein. Ich stelle mir vor, dass die eine die Hand der anderen nimmt, wenn ihr danach ist; dass sie sich nicht vor Blicken, vor Beleidigungen, vor Häme oder Gewalt zu fürchten braucht, wenn sie das tut. Manche sind also das, was man ein »romantisches Paar« nennen würde. Andere Paare sind Freundinnen, Gefährtinnen, vielleicht aus einer Not entstandene Gemeinschaften, die ihr Leben zusammen bestreiten – oder sie sind schlicht von alledem etwas. Ich stelle mir vor, dass manche von ihnen verheiratet sind, manche nicht, manche haben Kinder, manche nicht.

Laut Bundesverfassung hat jeder und jede in der Schweiz ein Recht auf Ehe und Familie. Laut Bundesverfassung sind vor dem Gesetz alle Menschen gleich. Und fünfzig Jahre nach Einführung des Frauenstimmrechts – eines Menschenrechts – wird doch auch die Möglichkeit da sein, dass eine Frau zur anderen sagt: Lass uns heiraten / Ich liebe dich / Es lohnt sich finanziell / So kannst du in der Schweiz bleiben / Mich schickt niemand mehr weg von deinem Krankenbett / Ich will dich heiraten, Punktausschluss.

Ich denke mir die Schweiz in zwei Jahren so. Ich hoffe, ich habe recht.

Es beginnt mit einem Blick. Ich streife sie, dann betrachte ich sie. Und bei ihren Augen bleibe ich schließlich hängen. Auch sie betrachtet mich. Auch sie bleibt hängen. Das vergesse ich nicht.

Annemarie Schwarzenbach schrieb 1929: »Eine Frau zu sehen: Nur eine Sekunde lang, nur im kurzen Raum eines Blickes, um sie dann wieder zu verlieren, irgendwo im Dunkel eines Ganges, hinter einer Türe, die ich nicht öffnen darf – aber eine Frau zu sehen, und im selben Augenblick zu fühlen, dass sie mich auch gesehen hat, dass ihre Augen fragend an mir hängen, als müssten wir uns begegnen, auf der Schwelle des Fremden, dieser dunklen und schwermütigen Grenze des Bewusstseins.«

Es gab keine Armut, die Annemarie Schwarzenbach den Platz und die Zeit zum Schreiben wegfraß. Die Schriftstellerin stammte aus einer wohlhabenden Familie. Diese Lage ermöglichte es ihr auch zu studieren und durch gute Kontakte bereits früh eine publizierte Autorin zu sein.

Sie starb mit 34 Jahren. Dann setzte das Vergessen rasch ein. Die Mutter, Renée Schwarzenbach, hatte ihren Teil daran: Entgegen dem ausdrücklichen Wunsch ihrer Tochter vernichtete sie deren Korrespondenzen und Tagebücher. Sie bat Freundinnen, Annemarie schriftlich nur unter Verwendung eines Pseudonyms zu erwähnen. Aber auch diejenigen, die für das Erinnern zuständig sind, trugen das ihre bei: Verlage legten ihre Bücher nicht neu auf; an eine Gesamtausgabe war nicht zu denken. Intellektuelle zitierten sie nicht. Die Texte fanden keinen Eingang in Universitäten oder Schulen, und nach zahlreichen Nachrufen schrieb bald keine Zeitung mehr über sie.

Annemarie Schwarzenbach wurde erst Mitte der achtziger Jahre wiederentdeckt. Sie hatte eine Vielzahl von Schriften und Fotografien hinterlassen, die von der Zerstörungswut der Mutter unberührt geblieben waren. Darin fand sich auch das Textfragment »Eine Frau zu sehen«. Schwarzenbach wurde zu einer Ikone stilisiert; sie stand für das Lebensgefühl der zwanziger Jahre, die fantastischen Fotografien ihrer weiten Reisen waren Material zur Legendenbildung. Ihr Leben war kurz und auch tragisch – die vielen Biografien, die Schwarzenbachs Kampf mit den eigenen Dämonen auswalzen, zeugen von der Faszination davon. Um das von ihr Geschriebene ging es meist nur am Rande.

Ich erinnere mich daran, wie es war, auf ihre Texte zu stoßen. Wie wichtig, wie beruhigend und erregend, über das Begehren zwischen Frauen zu lesen, geschrieben von einer lesbischen Frau. Verhüllt in der *Lyrischen Novelle*, einem Zeugnis lesbischen Begehrens aus den zwanziger Jahren. Schwarzenbach hatte die Hauptfigur, die Begehrende, damals zu einem Mann gemacht, ein geläufiges Mittel dieser Zeit, um einerseits mit Geschlechtsidentitäten zu spielen und andererseits auch überhaupt verlegt zu werden. In dem erst lange nach ihrem Tod publizierten, aber bereits als Zwanzigjährige geschriebenen Fragment *Eine Frau zu sehen* zeigte sie ihre Figur ganz offen. Kein Mantel, den es zu lüften gilt. Wie viele von den Verborgenen tummeln sich in der Literaturgeschichte, vermutete wie unvermutete, gaben dem homosexuellen Begehren und Lieben ein Kostüm, ohne das es nicht in die Welt hätte treten können?

Ich habe mich nach Möglichkeiten gefragt – jedes Mal, wenn ich eine Stimme wie die von Annemarie Schwarzenbach entdeckte –, wie eine marginalisierte Stimme aufgefunden und publiziert werden kann, ohne dass sie sich von Anfang an den Beschränkungen und der Zensur eines Betriebes unterwerfen muss, der bestimmt, was Literatur sein soll und was als solche in die Welt getragen wird und was nicht. Ich habe mich nach Möglichkeiten gefragt, wie diese Stimmen nicht nur gedruckt, gelesen und gehört, sondern vor allem auch bewahrt werden können – und welche Rolle ich dabei einnehmen kann. Nicht zuletzt habe ich mich nach Klarheit und Worten gesehnt, um verstehen zu können, welche Mechanismen hinter dem ständigen Verschwinden stecken und wie sie dekonstruiert werden können.

Im Frühling 2015 gründeten Kaśka Bryla, Jiaspa Fenzl und Olivia Golde die Zeitschrift *PS: Anmerkungen zum Literaturbetrieb / Politisch Schreiben*. Es ist ein Projekt, das nicht nur in der jährlichen Herausgabe einer Literaturzeitschrift mündet, die Texte von marginalisierten Stimmen versammelt und die Strukturen des literarischen Betriebs durchleuchtet. Das drängende Anliegen ist, etwas Dauerhaftes zu schaffen, ein Netzwerk.

Wenn es einen Faktor gibt, der dem Patriarchat immer wieder in die Hände spielt, dann ist es die Zeit. Das Patriarchat *ist* ein Netzwerk; seine Hände schreiben die Geschichte, sein Gedächtnis erinnert sich an Literatur, Musik, Kunst. Eine Großzahl feministischer Zusammenschlüsse ist durch diese Form der Geschichtsschreibung schon vergessen und verloren gegangen. Es ist schwierig, auch in Anbetracht dessen, wie jung das Internet überhaupt ist, ihnen nachzuspüren. Das wichtigste Bündnis, das also eingegangen werden sollte, ist ein Bündnis mit der Zeit: darüber hinausgehen, dass die anfängliche Kraft und Euphorie bald einer Müdigkeit weichen wird, dabeibleiben, wenn es langweilig und zäh wird, sich daran festhalten, dass Veränderung möglich wird, wenn nicht jedes Mal von vorne angefangen werden muss.

Dazu, wie marginalisierte Stimmen im Verhältnis zur sogenannten Mehrheitsgesellschaft stehen, schreibt Kaśka Bryla in ihrem Essay »alter – das andere Erleben von Dauer«: »Wenn ich also das Leben betrachten möchte, dann wohl am zuverlässigsten aus der Perspektive einer Sterbenden. Um eine Norm festzuschreiben, muss ich mich an die Ränder dieser Normierung begeben. [...] von dort, von der Grenze, vom Rand aus [habe ich] den besten Überblick.«

Das Bild, welches Bryla entwirft, zeigt, weshalb es für diejenigen in der Mitte so schwierig zu sein scheint, ihre Norm als etwas Gemachtes infrage zu stellen: Ihr Blick ist nicht geschärft, denn sie *sind*. Sie müssen die Gesetze, innerhalb derer sie sich bewegen, nicht schmerzhaft genau spüren, sie müssen sie nicht einmal besonders gut kennen – denn diese Gesetze sind eine ihnen wohlgesonnene Selbstverständlichkeit. Und aus dieser Selbstverständlichkeit heraus generieren diejenigen in der Mitte auch »die eine« Wahrheit.

Eva Schörkhuber nimmt dazu das in der Literatur bekannte Bild des Stadtflaneurs ins Visier und enttarnt es in seiner vermeintlichen Allgemeingültigkeit: So »verhält es sich mit der Repräsentation von Erfahrungen in jenen Texten, die in ›der‹ europäischen Literaturgeschichte kanonisiert sind. All jene, die als ›typisch‹ dargestellt, als ›allgemeine‹ vermittelt werden, sind [...] tatsächlich als höchst spezielle zu betrachten. Der umfassend gebildete Stadtflaneur etwa kann die Tiefen und Untiefen seines Wesens nur deshalb in Ruhe, also von seiner Umgebung unbehelligt ausloten, da er als weißer Mann mittleren Alters durch europäische Großstädte flaniert. Schon eine kleine Abweichung, etwa in der Hautschattierung, ändert die Erfahrung, sich durch eine europäische Stadt zu bewegen, grundlegend.«

Manchmal bin ich in der Öffentlichkeit zärtlich mit meiner Freundin. Ich gebe mich dem Moment hin, da sie alles andere vergessen macht, und küsse sie. Wir sind nie unsichtbar. Wenn es der Umgebung danach ist, wird sie uns in Ruhe lassen – oder sie wird uns begaffen, beleidigen, anzüglich sein und uns bedrohen. Es ist eine Erfahrung, die genauso besonders ist wie die, ein weißer Mann mittleren Alters zu sein, der eine weiße Frau mittleren Alters in einer europäischen Großstadt küsst. Nur dass Letzteres das Allgemeine für sich beansprucht. – Weshalb sollte ich das also nicht genauso tun?

Diejenigen am Rand, die »anderen«, haben laut Bryla den schärfsten Blick auf die Mitte. Sie müssen das Patriarchat, in dem sie leben, genau kennen, um irgendwie mitspielen zu dürfen. Jede Verfehlung kann ihnen teuer zu stehen kommen. Eine lesbische *woman of colour* wie Audre Lorde kannte die amerikanische Gesellschaft, in der sie lebte, bis ins Mark. Trotzdem wird die Dichterin nach wie vor als Repräsentantin *einer* bestimmten Lebensrealität rezipiert. Das macht deutlich, es gibt sehr genaue Erwartungen dahingehend, worüber marginalisierte Stimmen überhaupt schreiben und welche Aussagen sie damit treffen dürfen.

Die Mitte hingegen kann beruhigt sagen, das »andere« betreffe sie nicht. Sie muss sich in unserer Gesellschaft nicht als »weiß« begreifen, und ein heterosexueller Mann muss sich nicht als »heterosexueller Mann« begreifen; die Anderen sind die »Schwarzen«, sind »homosexuell«, sind »Frauen«. Werden die Ränder von der Mitte aus geschrieben, dann in den meisten Fällen unter den Vorzeichen einer Exotisierung – die Literaturgeschichte ist voller Frauenfiguren, die schön und rätselhaft sind, aber nie Subjekte, die über die eigene Geschichte verfügen – und bevölkert von Menschen aus Kulturkreisen, die nicht diejenigen des Autors sind, um eine eigene Faszination oder Abneigung zu beleuchten und im Endeffekt die eigene Norm zu bereichern. Wo ist mein Begehren?, habe ich mich oft gefragt, wenn ich wieder auf eine Geschichte lesbischer Liebe stieß, in der die Protagonistinnen von Scham und Selbsthass durchdrungen waren und die in Trennung, Selbstmord oder Mord mündete. Warum sollte das das dominierende Narrativ gleichgeschlechtlichen Begehrens sein, während die Heterosexuellen ihrerseits Märchen und die Aussicht auf ein gemeinsames Altwerden hatten?

Ich erinnere mich an meine anfänglichen Zweifel der PS gegenüber, als Kaśka Bryla mich fragte, ob ich dem Redaktionskollektiv beitreten wolle. Politisches Schreiben, politisches Engagement – ich war in der Schweiz mit der Annahme aufgewachsen, dass das eine Männerangelegenheit ist und eine Frau sich daran nur die Finger verbrennt. Kein Wunder, denn als ich geboren wurde, war es gerade einmal achtzehn Jahre her, dass Frauen das erste Mal einen Stimmzettel ausfüllen durften. In Appenzell Innerrhoden dauerte es 1989 auf Kantonsebene sogar noch ein Jahr. Die Geschichte des Frauenstimmrechts, die Geschichte der Frauenbewegungen waren in der Schule kein Thema. Politik war Politik und Anliegen von Frauen halt nicht Politik – sondern Anliegen von Frauen. Und politische Autorschaft, das war Max Frisch, das war nie Mariella Mehr.

Für eine Frau bedeutet politisches Schreiben, dass sie sich von der Mitte aus in Richtung Rand katapultiert, dass sie verbiestert, verbittert, im Endeffekt ungeliebt und unbedeutend ist – dabei hätte sie ja mitspielen dürfen, hätte sie sich nur richtig benommen, die Dumme.

Nur – das stimmt nicht. Bloß geduldet zu sein, bloß bis zur Verfehlung, macht niemanden zum Teil einer Gruppe, lässt keine auch nur im Ansatz ihre Kraft entfalten. Und es geht noch weiter, Audre Lorde sagt es in einem einzigen Satz so treffend: »The Master's tools will never dismantle the Master's house.« Wenn eine Frau Karriere macht, so, wie es stets gefordert wird, und dabei eine andere Frau für einen Hungerlohn ihre Kinder erzieht und ihr Haus sauber hält, ist rein gar nichts gewonnen. Wenn immer mehr Frauen langfristig im Literaturbetrieb bestehen können, es sich dabei aber ausschließlich um weiße, akademische und heterosexuelle handelt und der Literaturbetrieb dabei auch bleibt, wie er ist, ist rein gar nichts gewonnen.

Ich habe meine Zeit gebraucht, um in der PS anzukommen. Es ist ein Pakt mit einer konstanten Beunruhigung und Wut, die systematischen Ungerechtigkeiten in der Gesellschaft als solche zu benennen, denn sie sind so tief eingewoben, dass nichts davon unberührt bleibt, schon gar nicht die Literatur.

Aber es gibt Worte. Etwas, was sich schon immer komisch und ungut angefühlt hat, kann plötzlich benannt werden. Aus Beunruhigung und Wut kann Sprache werden.

Mein Herz schlägt so laut. Da ist das Unbekannte, unbekannter als es sonst ist, wenn zwei Körper sich finden und dabei ein Funken entzündet wird. Hier sind keine uralten, zertrampelten Geschichten, die anderswo in jeder Bewegung, jedem Blick und jedem Wort sind.

Und ich will sie.

Aus Sprache wird die Möglichkeit, die eigene Geschichte zu schreiben. Und mit einem Netzwerk wird diese Geschichte getragen und bewahrt.

Es ist der 13. Dezember 2019. Morgen werde ich Carolin Krahl diesen Text zum Gegenlesen schicken. Ich werde mich, wie immer, ein bisschen vor ihrer Genauigkeit fürchten. Und mich auf ihre Gedanken freuen und wie sie diesen Text befruchten und neu ordnen werden. Denn dass Texte von einer einzigen Person gedacht und geschrieben werden – diese Annahme kam bei der Zusammenarbeit mit meiner Lektorin Daniela Koch, die meine ersten beiden Romane betreute, ins Wanken. Die PS hat sie dann dankbarerweise endgültig zerschmettert.

Ich stelle mir die Schweiz in zwei Jahren vor. Wenn ich mich beeile, wird dann mein neuer Roman da sein. Ich verbringe viele dieser dunklen Berliner Wintertage in der Bibliothek und schreibe daran. Schreibe über diese Frau, die sich in ihre Zimmernachbarin verliebt. Schreibe über ihr Begehren und über ihre Angst. In ihrer Welt sind die Geschichten der Homosexualität Geschichten der Scham. Aber sie schämt sich nicht, sie hat nur Angst. Und irgendwann macht sie sich auf die Suche – nach den versteckten Botschaften, die Frauen über die Jahrhunderte gestreut haben, hoffend, wissend, dass andere Frauen kommen werden, die diese Botschaften dringend brauchen. So wie jeder Mensch seine Geschichte braucht. Vielleicht wird meine Protagonistin dabei auf ein Buch stoßen, in dem ein Mann, der gar kein Mann ist, sich im Berlin der zwanziger Jahre nach einer Frau verzehrt.

Ich werde auf dieser Feier in zwei Jahren sein und über alle Frauen reden, die uns etwas bedeuten. Ich werde auf dieser Feier offen und mit Freude sagen: Eine Frau zu lieben, ist etwas vom Schönsten auf der Welt.

Inspiriert von:
Annemarie Schwarzenbach, *Eine Frau zu sehen*, Zürich 2008.
Dies., *Lyrische Novelle*, Basel 1993.
Audre Lorde, *Sister Outsider. Essays and Speeches*, Berkeley CA 1984.
Mariella Mehr, *Daskind*, Zürich 1995.
Natascha Wodin, *Sie kam aus Mariupol*, Reinbek 2017.
James Baldwin, *The Fire Next Time*, New York 1963.
Iris von Roten, *Frauen im Laufgitter. Offene Worte zur Stellung der Frau*, Zürich 1997.
Elisabeth Joris, Heidi Witzig (Hg.), *Frauengeschichten. Dokumente aus zwei Jahrhunderten zur Situation der Frauen in der Schweiz*, Zürich 2001 – in der Hoffnung, es möge neu aufgelegt werden und damit dem Vergessen entkommen.
Sowie von den Essays:
Adrienne Rich, »Compulsory Heterosexuality and Lesbian Existence«, in: *Blood, Bread and Poetry. Selected Prose, 1979–1985*, New York 1986.
Annette Hug, »Q und das lesbische Kontinuum«, in: *Glitter*, Nr. 3, November 2019.
Kaśka Bryla, »alter – das andere Erleben von Dauer«, in: *PS: Anmerkungen zum Literaturbetrieb / Politisches Schreiben*, Nr. 4, Oktober 2018.
Dies., »Konkurrenz und Kanon«, in: ebd., Nr. 1, Oktober 2015.
Eva Schörkhuber, »Nichts ist weniger selbstverständlich als Wahrheit«, in: ebd., Nr. 5, Oktober 2019.
Carolin Krahl, »An Wünschen rütteln«, in: ebd.

Wir Frauen sind Hausfrauen

SIMONA ISLER UND ANJA PETER

Wir gebären Kinder, putzen Häuser, pflegen Alte und Kranke. Wir wickeln, trösten, hören zu, organisieren tausend Dinge. Wir ärgern uns, verlieren manchmal die Nerven und sind oft erschöpft. Wir kochen, putzen, waschen. Wir servieren Kaffee und Suppe. Wir kümmern uns um das Wohl anderer Menschen, schmeißen einen Haushalt und sorgen uns um den Planeten. Wir Frauen sind Hausfrauen.

Unsere Arbeit muss gemacht werden. Sie kann nicht ausgelagert, nicht digitalisiert und nicht rationalisiert werden. Wir Frauen sind Hausfrauen, weil wir müssen.

Aber wir sind auch Hausfrauen, weil wir wollen. Denn es gibt nichts Schöneres als das Lachen unserer Kinder und die Geschichten der Großeltern. Es ist schön, für andere da zu sein und sie zu lieben. Es tut gut, sinnvolle Arbeit zu leisten. Wir sorgen für andere, weil wir es wollen. Wir Frauen sind Hausfrauen.

Wir Frauen leisten pro Jahr 5,6 Milliarden Stunden unbezahlte Arbeit. Diese Arbeit hat einen Wert von 248 Milliarden Franken, das sind umgerechnet jährlich 69 500 Franken Einkommen pro Frau ab fünfzehn Jahren in der Schweiz. Der Haken? Diese Summe landet nie in unseren Portemonnaies. Die Schweiz profitiert stillschweigend von unserer Arbeit, ohne sich je zu bedanken. Die Schweiz scheffelt

Reichtum auf dem Rücken der Frauen. Wir Frauen sind Hausfrauen.

Vier von fünf Frauen sind in der Schweiz erwerbstätig. Neben unserer Arbeit als Hausfrauen leisten wir den größten Teil der Arbeit im bezahlten Pflege-, Bildungs- und Betreuungsbereich, im Detailhandel und in der Gastronomie. Als Pflegerinnen und Verkäuferinnen, als Lehrerinnen und Kinderbetreuerinnen, als Reinigungsangestellte kümmern wir uns schlecht bezahlt um die grundlegendsten Bedürfnisse unserer Gesellschaft. Wir Frauen sind Hausfrauen.

Nicht alle Frauen sind Mütter, aber alle Menschen haben eine Mutter. Schwangerschaft, Geburt und Wochenbett stellen psychische und physische Extremsituationen dar, die kein Pendant kennen. Nach viel zu kurzen vierzehn Wochen Mutterschaftsurlaub werden wir an unseren Erwerbsarbeitsplatz zurückgeschickt. Wir rennen hin und her zwischen Arbeitsplätzen, um das Geld zu verdienen, das wir brauchen, und gleichzeitig unsere Babys und Kleinkinder zu versorgen. Wir Mütter sind Hausfrauen.

Wir Frauen verbringen achtzig Prozent unserer Lebensarbeitszeit im Care-Sektor. In jenem Sektor also, in dem unbezahlt und schlecht bezahlt unverzichtbare, gesellschaftlich wichtige und wertvolle Arbeit geleistet wird. Wir produzieren Lebensstandard und Wohlstand. Wir kümmern uns um nichts weniger als um das gute Leben für alle. Weil wir müssen und weil wir wollen. Wir Frauen sind Hausfrauen.

Wir Frauen leisten genauso viele Arbeitsstunden wie Männer. Und verfügen dennoch über hundert Milliarden Franken weniger Einkommen pro Jahr. Hundert Milliarden Franken weniger Einkommen bei gleich vielen Arbeitsstunden! Das ist eine enorme Summe. Im Vergleich zur Arbeit der Männer ist ein großer Anteil unserer Arbeitsstunden unbezahlt oder nur schlecht bezahlt. Wir Frauen sind Hausfrauen, und wir sind arm.

Wir arbeiten ein Leben lang und erhalten nur mickrige Altersrenten. Bei genauso vielen Arbeitsstunden sind unsere Renten um vierzig Prozent niedriger, als die der Männer. Denn ein wesentlicher Anteil unserer Arbeit ist nur ungenügend rentenbildend. Insgesamt macht das 19 585 Franken weniger Rente pro Jahr für jede Rentnerin. Auch nach unserer Pensionierung arbeiten wir weiter. Wir hüten Enkelkinder, wir machen Nachbarschaftsdienste, wir kümmern uns um alte und kranke Ehemänner und weitere Angehörige. Wir Rentnerinnen sind Hausfrauen, und wir sind arm.

Ihr missachtet unsere Arbeit und unsere Leistung. Ihr betrachtet uns als Kostenfaktor und als Nutznießerinnen. Ihr gebt uns die Jobs mit den schäbigsten Bedingungen, die mickrigsten Löhne und Renten und erwartet Dankbarkeit. Was sollen wir mit dem Stimm- und Wahlrecht, wenn wir vor lauter Arbeit keine Zeit haben für Politik? Was sollen wir im Parlament, wenn wir unsere Babys dort nicht stillen können und noch weniger Zeit für unsere Kinder übrig bleibt? Indem ihr unsere Arbeit missachtet, sperrt ihr uns weiterhin aus den Räumen der Macht aus. Und ihr verachtet und sperrt nicht nur uns aus, sondern die Sorge und die Liebe. Und damit alle alten, kranken und kleinen Menschen, die auf Sorge und Liebe angewiesen sind. Wir Frauen sind Hausfrauen, und wir haben keine Zeit für Politik.

Wir fordern Zeit und Geld für unsere Arbeit. Denn wir wollen mitreden und die Welt nach unseren Bedürfnissen mitgestalten. Wir fordern Zeit und Geld für jede Windel, jeden Einkauf, jedes Gutenachtlied, für jeden abgewaschenen Teller, jedes tröstende Gespräch, für jedes geputzte Fenster, für alle gekochten und ungekochten Mahlzeiten, für jedes erschöpfende Gutenachtritual, für jede Geburt. Für jeden Wäscheberg und jeden Elternabend.

Wir fordern anständige Löhne für jede Tasse Kaffee, jedes schlichtende Gespräch und für jedes freundliche Lächeln. Wir fordern anständige Löhne und Arbeitsbedingungen für alle Kita-Angestellten und Pflegerinnen. Für die Hebammen und alle Verkäuferinnen. Für die Reinigungsfachfrauen und die Kindergärtnerinnen, für die Lehrerinnen, die Serviceangestellten und die Coiffeusen.

Wir fordern anständige Renten für alle Frauen. Und wir fordern Respekt.

Wir fordern Zeit. Zeit für unsere Kinder, Zeit für die Alten und Kranken, Zeit für Erholung, Ferien, Zeit für uns selber und Zeit für Freundinnen und für feministische Politik.

Wir fordern Lohn für Hausarbeit. Wir fordern Lohn für alle Frauen und für alle Arbeit. Weil es die Arbeit der Frauen ist, die die Welt zusammenhält und das Leben lebenswert macht.

Frauenstimmrecht und Wirtschaft

MONIKA BÜTLER

Für einmal fühlte ich mich im richtigen Film. Die Protagonistin des Films *Die göttliche Ordnung* sah zwar komplett anders aus als meine Mutter – und glich ihr doch aufs Haar.
Unsere Gemeinde war dank der vielen Zuwanderer aus fern
und nah ziemlich fortschrittlich, mein Vater unterstützend.
Doch die Hoffnungen und die Ängste der Frauen, die wie
meine Mutter für das Frauenstimmrecht kämpften, waren
die gleichen wie im Film. Wobei kämpfen aus heutiger Sicht
nicht das richtige Wort ist. Die innere Zerrissenheit der
Frauen war auch für mich als neunjähriges Mädchen spür-
bar: Richtige Frauen kämpfen nicht.

Für meine Mutter war die Annahme des Frauenstimmrechts am 7. Februar 1971 einer der glücklichsten Tage ihres
Lebens. Sie verpasste keine einzige Wahl oder Abstimmung,
nicht einmal als sie in ihren letzten Jahren schwer krank war.
Meine Schwester, damals acht Jahre alt, und ich freuten uns
mit ihr – und hofften insgeheim, dass uns die neuen Rechte
neue und berufliche Möglichkeiten öffnen würden. Doch
taten sie dies auch?

Politische Rechte und Lebensentscheidungen
Die politischen Rechte der Frauen gingen immer Hand in
Hand mit der Lebensrealität der Menschen. Die Kampagne

einer Hilfsorganisation aus dem Jahre 2018 liefert dazu ein schönes Beispiel. Auf Plakaten wurden jeweils Vertreter und Vertreterinnen dreier Generationen gezeigt, mit denen die Entwicklungsfortschritte über die Zeit und somit auch die Wirkung der Hilfe dokumentiert werden sollten. In einem dieser Aushänge wird die fragile Großmutter Jannomukhi zitiert: »Ich hatte kein Stimmrecht.« Deren offensichtlich deutlich wohlhabendere Mutter Rita sagt: »Ich gehe zur Abstimmung.« Und die dreizehnjährige hippe Tochter Tuli ergänzt: »Ich gebe dem Radio meine Stimme.« Einziger Schönheitsfehler: Bangladesch, woher die drei Frauen stammen, kennt das volle Frauenstimmrecht bereits seit 1947, zuerst als Teil von Indien, ab 1971 (!) als eigener unabhängiger Staat.

Unpassend ist das Plakat der Hilfsorganisation dennoch nicht. Die Sozialisierung in einer Welt mit oder ohne politische Rechte beeinflusst die Lebensentscheidungen von Frauen. Meine Basler Kollegin Michaela Slotwinski und mein Basler Kollege Alois Stutzer liefern dazu eine interessante Analyse. Da in der Schweiz das Frauenstimmrecht in den Kantonen zu unterschiedlichen Zeitpunkten eingeführt wurde, lässt sich sein Einfluss auf die Entscheidungen von Frauen sogar kausal identifizieren. Dabei zeigt sich, je *jünger* eine Frau bei Einführung des kantonalen Wahlrechts ist, desto eher arbeitet sie, und wenn sie arbeitet, desto höher ist ihr Pensum. Sie wählt häufiger eine höhere Ausbildung, heiratet mit geringerer Wahrscheinlichkeit und ist eher geschieden. Am politischen Prozess nimmt eine Frau, die das Stimmrecht schon früher erhalten hat, aktiver teil als eine gleichaltrige, der das Stimmrecht erst später zugesprochen wird. Sie wählt und stimmt häufiger ab, nimmt eher an Diskussionen teil, gehört öfter einer Partei an und trifft ihre politischen Entscheidungen früher, was gemäß vieler Studien mit einem höheren Informationsstand einhergeht.

Wirtschaftliche Entwicklung und Frauenrechte

Interessanterweise wurden Frauenwahlrechte oft nicht aus politischen, sondern aus wirtschaftlichen oder demografischen Gründen durchgesetzt. So wurde im neu besiedelten Westen der USA Ende des 19. und Anfang des 20. Jahrhunderts das Frauenwahlrecht mit dem Ziel eingeführt, Frauen aus dem Rest der USA anzuziehen und dadurch den »Heiratsmarkt zu entlasten«. Die Konzession war allerdings recht billig: Wegen des relativ geringen Frauenanteils mussten die Männer mit der Vergabe des Wahlrechts an Frauen nur wenig Macht opfern.

Die italienische Ökonomin Graziella Bertocchi identifiziert in ihrer Analyse von 22 Ländern zwischen 1870 und 1930 einen anderen Grund für die Einführung des Frauenwahlrechts: Menschen mit einem tiefen Einkommen sprechen sich in der Regel für eine höhere Besteuerung aus als solche mit hohem Einkommen. Mit der wirtschaftlichen Entwicklung reduziert sich die Lohnschere zwischen Frauen und Männern und somit auch der Unterschied in der bevorzugten Steuerrate. Etwas salopp ausgedrückt stimmen die Männer dem Frauenwahlrecht dann zu, wenn seine Kosten – eine höhere Besteuerung und weniger Macht – kleiner sind als sein Nutzen – eine höhere Beteiligung der Frauen am Arbeitsmarkt.

Je reicher ein Land, desto mehr Rechte für die Frauen, meistens wenigstens. Doch führt umgekehrt das Wahlrecht auch zu mehr Wohlstand?

Eine Reihe von wissenschaftlichen Studien aus der ganzen Welt, auch der Schweiz, geben ein klares Bild: Politische Rechte der Frauen beeinflussen die Wirtschaftspolitik (wie ja von einigen Herren auch befürchtet wurde). Insbesondere Mitte des letzten Jahrhunderts hatte das Frauenwahlrecht deutlich höhere Staatsausgaben zugunsten von Gesundheitsmaßnahmen und Kindern zur Folge. Die höheren Sozialabgaben führten zu einer Steigerung des Humankapitals (in der Terminologie der Ökonomie), gemessen an einer deutlichen Reduktion der Kindersterblichkeit und besserer Bildung. Beide Faktoren sind entscheidend für die Prosperität eines Landes.

Für die Schweiz zeigt sich ein ähnliches Bild. Meine Kolleginnen Patricia Funk, Università della Svizzera italiana, und Christina Gathmann, Universität Heidelberg, analysierten zu diesem Zweck zweihundert Volksabstimmungen seit 1981. Die Unterschiede zwischen Frauen und Männern waren bei Vorlagen im Gesundheitswesen (Reduktion des Alkohols respektive des Tabakkonsums mit einer rund siebzehn Prozentpunkte höheren Zustimmungsrate der Frauen) und in der Gleichstellung (Reform des Eherechts, siebzehn Prozentpunkte höhere Zustimmung) am größten. Gleichzeitig wehrten sich die Frauen auch stärker als die Männer gegen Subventionen für die Landwirtschaft (siebzehn Prozentpunkte geringere Zustimmung).

Sind die Frauen verschwenderischer als die Männer (wie ebenfalls befürchtet wurde)? Nein. Die Art der Staatsausgaben änderte sich zwar durch die Einführung des Frauenstimmrechts, nicht aber die Höhe der Gesamtausgaben des Staates. Dies gilt für die Schweiz, wie Funk und Gathmann zeigen. Zu Beginn – vor 1980 – sanken die Staatsausgaben sogar, da Frauen im Durchschnitt eher für eine sparsamere Fiskalpolitik votierten als Männer. Zum gleichen Befund kam meine ehemalige Doktorandin Katharina Hofer durch die Analyse von Abstimmungen zur Bundesfinanzordnung, der zweifellos wichtigsten Finanzentscheidung für den Bund, die kurz vor und nach der Einführung des Frauenstimmrechts 1971 stattfanden.

Seit 1980 stimmen die Schweizer Frauen wie ihre Kolleginnen in Europa und den USA tendenziell gesellschaftsliberaler und linker ab als die Männer. Dennoch verursachten die Frauen zwischen 1981 und 2003 lediglich eine Erhöhung der Staatsausgaben (Funk und Gathmann) um 0,1 Prozent. Es war somit nicht die Ausweitung des Wahlrechts auf die Frauen, die in vielen Industrieländern zu einem Anstieg der Staatsausgaben führte, sondern andere Gründe.

Direkte Demokratie und Frauenwahlrechte

Woher kam denn der Widerstand gegen eine Beteiligung der Frauen in Wirtschaft und Politik, wenn doch die Folgen überwiegend positiv sind? War am Ende die direkte Demokratie schuld daran, dass das Frauenstimmrecht in der Schweiz so spät eingeführt wurde? Meine Freiburger Kollegin Anna Koukal und mein Freiburger Kollege Reiner Eichenberger sind dieser Frage nachgegangen. Das Ergebnis: »Es kommt darauf an.«

Koukal und Eichenberger nutzen denselben methodischen Trick wie Slotwinski und Stutzer, die großen Unterschiede zwischen den Gemeinden und Kantonen. Kantonale und Gemeindewahlrechte für Frauen wurden zu verschiedenen Zeitpunkten eingeführt. Ein weiterer Unterschied besteht in der Art des politischen Prozesses. In einigen

Gemeinden werden lokale Gesetze in Gemeindeversammlungen entschieden, in den restlichen in einem Parlament. Auf nationaler Ebene gab es sechs Abstimmungen zur Einführung des Frauenstimmrechts. Bei den späteren Abstimmungsterminen kannten einige Kantone und/oder Gemeinden daher bereits lokal ein solches Recht. Ein Vergleich zwischen Gemeinden mit und solchen ohne lokales Frauenstimmrecht auf nationaler Ebene liefert interessante Einsichten.

In Gemeinden *mit* lokalem Frauenstimmrecht zum Zeitpunkt der nationalen Abstimmung stimmten direktdemokratische Gemeinden (mit Gemeindeversammlung) eher für das Frauenstimmrecht als diejenigen mit Parlament. In Gemeinden *ohne* lokales Frauenstimmrecht war es genau umgekehrt. Während die direkte Demokratie alleine für das Frauenstimmrecht eher hinderlich war, beschleunigten direktdemokratische Institutionen dessen Einführung, wenn die Männer bereits Erfahrung mit mitbestimmenden Frauen hatten. Der Verlust von Macht »schmerzt« eher in einer direkten Demokratie als in einer repräsentativen. Offensichtlich zeigten aber Diskussionen in Versammlungen den Männern, dass die Anliegen der Frauen nicht so fürchterlich waren und sich vielleicht gar nicht stark von den eigenen unterschieden.

Die Erinnerung an die Umstände der Einführung des Frauenstimmrechts und der nachgelagerte Kampf um weitere Rechte sind bei mir auch nach fünfzig Jahren nicht verblasst. Immerhin verdanken meine Schwester und ich dem Sturz der göttlichen Ordnung zumindest teilweise unsere beruflichen Möglichkeiten. Meine Söhne hingegen reagieren auf die Zusammenhänge zwischen wirtschaftlicher Entwicklung und politischen Rechten der Frauen mit einem Schulterzucken. Das ist doch einfach ein Menschenrecht, meinte einer nach dem Film – und war damit ganz nahe bei seiner Nonna.

Mit herzlichem Dank an meine Mitarbeiterin Nadia Myohl für die Unterstützung bei der Recherche zu diesem Aufsatz

Meistens anderswo

INA PRAETORIUS

Wahrscheinlich habe ich am 20. April 1975 zum ersten Mal von meinem Wahlrecht Gebrauch gemacht. An diesem Tag nämlich, sagt Wikipedia, fanden im deutschen Bundesland Baden-Württemberg Kommunalwahlen statt. Zwar hatte ich meinen achtzehnten Geburtstag schon am 17. März 1974 gefeiert, und im Jahr 1972 war in der Bundesrepublik Deutschland das Wahlrechtsalter von einundzwanzig auf achtzehn Jahre gesenkt worden. Das Frauenwahlrecht hatte man am 30. November 1918 eingeführt, kurz nach der Gründung der Weimarer Republik, als meine Mutter zwei Jahre alt war. Aber vom 17. März 1974 bis zum 20. April 1975 waren dort, wo ich damals wohnte, keine Wahlen angesagt.

An ein Hochgefühl am 20. April 1975 kann ich mich nicht erinnern. Auch die Wahl zum deutschen Bundestag am 3. Oktober 1976 ist mir nicht im Gedächtnis haften geblieben. Ohne viel nachzudenken wählte ich SPD, wie meine Älteren. Mein Gefühlshaushalt sendete deutliche Signale: Nicht die erste politische Wahl, sondern das im Frühjahr 1975 bestandene Abitur markierte den Aufbruch ins erwachsene Leben. Es eröffnete die weite Welt des Studierens und die Perspektive, eine eigene Wohnung in einer fremden Stadt zu beziehen. Wählen hingegen dauerte ein paar Minuten und bewirkte nichts Erkennbares. Politisch zu sein bedeutete mir in den Jahren 1976 und 1977, Texte von Karl Marx zu lesen, stundenlang in Vollversammlungen auszuharren und in nächtlichen Debatten über Sinn und Unsinn der Roten Armee Fraktion zu streiten.

Im April 1978 kam ich nach Zürich, um meine Studien fortzusetzen. Erst hier wurde mir bewusst, dass Frauen nicht *schon immer*, also genauer seit es Wahlen und Abstimmungen gibt, wählen und abstimmen durften. Engagierte Vorfahr*innen, so erklärten mir die Schweizer*innen, hätten das Wahlrecht für uns erkämpft, gegen vielfältige Widerstände. Vielleicht habe ich im humanistischen Reuchlin-Gymnasium zu Pforzheim manches verschlafen. Jedenfalls kann ich mich nicht erinnern, im Geschichtsunterricht jemals gehört zu haben, dass dies auch für alle anderen Länder gilt. Wahrscheinlich fanden meine Geschichtslehrer (an eine Geschichtslehrerin kann ich mich nicht erinnern) den Kampf der Frauen um politische Gleichberechtigung nicht der Rede wert. Mit oder ohne Wahlrecht bestand Geschichte für sie aus Königen, Feldherren, Priestern, Präsidenten, Denkern, Tyrannen, kurz aus Leuten, die man »große Männer« nennt. In Zürich wurde ich zur Feministin.

Am 8. April 1988 händigte mir der Gemeindepräsident von Krinau im Toggenburg einen roten Pass aus, wenige Minuten nach meiner Eheschließung mit einem Bürger der herrlich über dem Bodensee gelegenen Ortschaft Speicher im Kanton Appenzell Ausserrhoden. Zwar war am 1. Januar 1988 ein neues Eherecht in Kraft getreten, weshalb die Heirat mit einem Schweizer Bürger für mich nicht mehr bedeutete, mich unter eheherrliche Vormundschaft zu begeben. Aber das Bürgerrecht folgte noch bis zum 31. Dezember 1991 der Vorstellung, dass Frauen durch die Heirat in den beweglichen Besitz des Ehemannes übergehen. Mein Schweizer Bürger*innen-, und damit Stimm- und Wahlrecht verdanke ich also einem höchst patriarchalen Akt. Ohne die üblichen Gebühren, Befragungen und landeskundlichen Prüfungen kam ich, paradoxerweise aufgrund meines Status als Besitz, in den Besitz des begehrten Büchleins. Das fand ich lustig und vor allem praktisch. Wäre das Wahlrecht allerdings an den Bürgerort statt an den Wohnort geknüpft, so wäre mir am 8. April 1988 mit dem Geschenk des Bürgerrechts mein Wahlrecht entzogen worden, denn im Kanton Appenzell Ausserrhoden entschied das Männervolk erst an der Hundwiler Landsgemeinde vom 30. April 1989, zwölf Tage nach der Geburt unserer Tochter, den Frauen volle Bürgerinnenrechte zuzugestehen. Krinau liegt aber im Nachbarkanton St. Gallen, wo die ehemaligen Besitztümer seit 1972 abstimmen und wählen dürfen, weshalb ich mich vom 8. April 1988 an in meiner neuen Heimat vollumfänglich politisch betätigen durfte.

Noch im Jahr 1988 stimmte ich über acht Abstimmungsvorlagen ab, davon fünf Volksinitiativen und drei kantonale Finanzreferenden. Ich äußerte mich zu den Verfassungsgrundlagen für eine koordinierte Verkehrspolitik, zu einer Volksinitiative über die Herabsetzung des Rentenalters auf 60 Jahre für Frauen und 62 Jahre für Männer, zur »Stadt-Land-Initiative« gegen die Bodenspekulation, zu einer Volksinitiative über die Herabsetzung der Arbeitszeit, zu einer Volksinitiative für die Begrenzung der Einwanderung und zu Fragen der kantonalen Finanzierung von Verkehr und Krankenkassen. Alle fünf eidgenössischen Vorlagen wurden abgelehnt, alle kantonalen Finanzvorlagen wurden angenommen. Ich kann mich gut daran erinnern, wie es sich anfühlte, im Foyer des neu errichteten Gemeindehauses von Krinau das Couvert, das man mir einige Wochen vor den Abstimmungsterminen samt Stimmzetteln und Abstimmungsbüchlein zugesandt hatte, in die Urne zu versenken. Kurios fühlte es sich an, so wichtig wie belanglos, fremd, steif, gravitätisch integriert, zwangsdankbar. Und natürlich auch freundlich bürokratisch in Sicherheit gebracht.

Gegen Ende des Jahres 2011 wurde ich zum ersten und vorerst einzigen Mal Mitglied im Komitee einer eidgenössischen Volksinitiative. Nämlich der eidgenössischen Volksinitiative für ein bedingungsloses Grundeinkommen. Da stellte es sich endlich ein, das Hochgefühl. Denn jetzt sollte ich in die inneren Bezirke der heiligen direkten Demokratie vordringen. Am 9. Januar 2012 um 19.15 Uhr fand im Haus Augustinergasse 6 in Zürich die erste Sitzung des schon länger bemannten, jetzt verweiblichten Komitees statt. Als Erstes gab ich zu Protokoll, ich wolle die Initiative als postpatriarchales Projekt profilieren, denn der größte Wirtschaftssektor der unbezahlten Haus- und Betreuungsarbeit sei der beste Beweis dafür, dass Menschen auch ohne finanzielle Anreize sinnvoll tätig werden, und er sei der wichtigste Grund dafür, den Mechanismus »Lohn für Leistung« aus den Angeln zu heben. Man befand, ich dürfe mein feministisches Hobby weiter pflegen, das Komitee werde sich aber nicht damit befassen. Am 27. April 2012 sendete das Schweizer Fernsehen SRF eine »Arena« zum bedingungslosen Grundeinkommen. Die Sendung dauerte 75 Minuten. Männer nahmen 72 Minuten Redezeit in Anspruch, Frauen drei Minuten. Die unbezahlte Haus- und Betreuungsarbeit kam nicht zur Sprache. Martha Beéry-Artho legte am 3. Mai 2012 bei der Ombudsstelle Beschwerde wegen nicht sachgerechter Darstellung der Volksinitiative ein. Der Ombudsmann Achille Casanova wies die Beschwerde am 27. Mai 2012 zurück. Martha Beéry-Artho zog die Beschwerde an die Unabhängige Beschwerdeinstanz für Radio und Fernsehen (UBI) weiter und bekam Recht, worauf die Fernsehanstalt den Fall vors Bundesgericht brachte, das am 11. Oktober 2013 den Entscheid der UBI für ungültig erklärte. Das Initiativkomitee verzichtete auf eine Stellungnahme zu den Vorgängen. Die Medien ignorierten sie weitgehend. Ich hörte auf, Unterschriften für die Initiative zu sammeln. Sie wurde am 4. Oktober 2013 eingereicht. Im März 2014 fuhr ich nach Berlin, um dort der Gründung der Care-Revolution beizuwohnen. Am 5. Juni 2016 lehnte das Volk mit rund 77 Prozent Nein- und 23 Prozent Jastimmen die Initiative ab. Im Dezember 2015 hatten wir in St. Gallen den Verein Wirtschaft ist Care (WiC) gegründet. Er setzt sich für die Sichtbarkeit der un- und unterbezahlten Care-Arbeit und für die Reorganisation der Ökonomie um ihr Kerngeschäft, die Befriedigung tatsächlicher menschlicher Bedürfnisse weltweit, ein.

Was bedeutet es für mich, seit 46 Jahren das Wahlrecht zu besitzen? Dieses Recht fühlt sich wie ein Haus ohne Heizung und ohne Einrichtung an. Die Mauern des stabilen Bauwerks schützen vor Wind und Wetter. Aber mir wird nicht warm, und ich wohne meistens anderswo.

Zum Weiterlesen: Durcheinander Blog. Texte von Ina Praetorius, https://inabea.wordpress.com, www.inapraetorius.ch

Schillernde Erbschaft – Judith Shakespeare

Elisabeth Bronfen

In ihrer Streitschrift *Ein Zimmer für sich allein* entwirft Virginia Woolf eine bestrickende historische Spekulation: Was, wenn Shakespeare eine ebenso begabte Schwester mit dem Namen Judith gehabt hätte? Welche Aussicht hätte sie gehabt, Dramen wie seine zu schreiben? Die Bedingungen wären ungünstig gewesen. Im Gegensatz zu ihm hätte sie im England der frühen Neuzeit nicht auf die Schule gehen dürfen. Sie hätte nur dann Bücher gelesen, wenn niemand ihre Mitarbeit im Haushalt benötigte. Nur heimlich hätte sie auf dem Dachboden ihre Verse aufs Papier gebracht, immer darauf bedacht, dass niemand diese findet. Noch vor ihrem siebzehnten Lebensjahr hätte man sie mit einem betuchten Nachbarssohn verloben wollen. Und so wäre sie eines Nachts von zu Hause weggelaufen. Doch in London hätte sie als Schauspielerin nicht arbeiten dürfen, hätte nicht wie ihr Bruder auf der Theaterbühne ihr dramatisches Geschick entwickeln können. Nur als Geliebte eines gutmütigen Bühnenleiters hätte sie dort überlebt, um sich schließlich mit ihrem ungeborenen Kind im Leib in einer Winternacht das Leben zu nehmen.

Bei diesem erschütternden Bild eines vergeudeten Lebens belässt es Woolf allerdings nicht. Am Ende ihrer Gedanken über die Umstände, die es einer Frau erlauben würden, als Schriftstellerin erfolgreich zu sein, kommt sie nochmals auf Judith Shakespeare zu sprechen. Diese Dichterin, die, ohne ein einziges Wort veröffentlich zu haben, verschollen ist, lebt weiter – als eine anhaltende Präsenz. Sie könnte Gestalt annehmen, benötigt sie doch lediglich eine ihr günstige Gelegenheit, um in Erscheinung zu treten. Dafür aber müssen wir Nachgeborenen, die bessere Lebensbedingungen haben, uns sowohl von kränkenden Vorurteilen wie auch einschränkenden Erwartungen emotional lösen. Mit unserem Denken, unserem Schreiben könnten wir dieser Figur einer reinen Potenzialität eine Bühne bereiten, auf der sie sich endlich ihren Fähigkeiten entsprechend verwirklichen könnte. In der Überzeugung, sie würde kommen, wenn wir für sie arbeiten, zeigt Woolf sich zuversichtlich. Doch die Herausforderung, vor die sie uns stellt, enthält auch eine Mahnung. So wir diese Arbeit nicht leisten, wird die über viele Jahrhunderte verhinderte Realisierung weiblicher Kreativität nicht möglich werden.

Nicht nur obgleich sich die Situationen von schöpferisch tätigen Frauen heute verbessert hat, sondern vielleicht sogar eben deshalb trifft diese spekulative Anekdote heute noch zu. Sie lenkt unsere Aufmerksamkeit auf die Verantwortung, die wir gegenüber einer Vergangenheit haben, die in unsere Gegenwart hineinwirkt und dort ihre Spuren auslegt. Sie behauptet aber auch, so wir diese Aufgabe nicht ernst nehmen, sei ein Fortleben all jener Errungenschaften, an denen wir teilhaben, nicht gegeben. Ein Blick in die Annalen der weiblichen Geschichte zeigt, es hat seit der Antike immer Kreise von gelehrten Frauen, von Künstlerinnen und politischen Aktivistinnen gegeben. Weil aber diese Verbindungen nicht tradiert wurden, bleibt es eine bruchstückhafte und prekäre Historie. Allzu leicht verschwinden die mutigen und schöpferischen Frauen der Vergangenheit wieder aus unserem Bewusstsein. Ihre Errungenschaften werden schnell vergessen, und so muss jede nachkommende Generation von vorne beginnen. In dem von Woolf angebotenen Gedankenspiel sind Erinnerungen an Verhinderungen und Fantasien der Ermöglichung unweigerlich verschränkt.

Für ein feministisches Verständnis der Jetztzeit lassen sich daraus zwei Punkte festhalten. Die kreative gedankliche Freiheit, die Woolf vorschwebt, muss sich auch weiterhin mit dem schillernden Verhältnis zwischen der Frau als Objekt der Beschreibung und dem weiblichen Subjekt als Autorin ihrer Geschichte auseinandersetzen. Wir können ebenso wenig alle misogynen Denkbilder unseres kulturellen Imaginären verwerfen wie diese unhinterfragt übernehmen. Vielmehr gilt für mich weiterhin die intellektuelle Haltung, mit der ich in meinem Buch *Nur über ihre Leiche* die hartnäckige kulturelle Verschränkung von Weiblichkeit, Tod und Ästhetik zu erörtern versuchte. Der Selbstmord der Ophelia, der Mord an Desdemona, die Demütigung der Feenkönigin Titania und die ungemütliche Zähmung Katharinas – in jedem der Stücke eine dramaturgische Wende, die jeweils die Abtötung der Widerstandskraft dieser Heldinnen bedeutet – sollten uns nicht verleiten, gegen Shakespeare zu denken. Vielmehr fand ich es immer viel anregender, mit ihm zu entdecken, worin die vermeintliche kulturelle Notwendigkeit einer Beschneidung, Zurechtweisung und Verhinderung weiblicher Selbstbestimmung liegt.

Die Frage bleibt brisant: Was heißt es, auf diese Bilder, auf diese Geschichten zurückzukommen, um sie zu überdenken, sie aus einem veränderten Blick nochmals und zugleich anders zu lesen? Welche Lücken, welche Bruchlinien, welche Verschiebungen lassen sich dabei festmachen, aus denen sich Umwandlungen entwickeln könnten? Sich mit feministischem Blick damit auseinanderzusetzen, wie in unserer Kultur weiterhin das Wesen und das Schicksal der Frau als Fallgeschichte abgehandelt wird – und eben dafür steht Judith Shakespeare –, heißt, das Bewusstsein dafür zu schärfen, wie sie auch heute ihrer Sichtbarkeit und ihrer Stimme beraubt wird. Es bedeutet aber auch, die vergangene Geschichte nochmals aufzurufen, um daraus Bilder entstehen zu lassen, in denen die Frau handelt, ja in denen sie die Deutungshoheit über die Art ihrer Behandlung selber in der Hand hat, weil sie sich als Teil einer imaginären Gemeinschaft versteht, die für und mit ihr zu arbeiten bereit ist.

Damit lenkt Woolf unseren Blick auf die ebenso entscheidende Frage des Vermächtnisses, welches sich aus der Geschichte weiblicher Verhinderung für uns ergibt. Befragen wir die Vergangenheit nicht nur darauf hin, was Frauen nicht gelingen konnte, sondern auch im Sinne einer spekulativen Erzählung auf all das, was ihnen hätte gelingen können, findet jene Nachreife statt, welche Walter Benjamin in der Arbeit des Übersetzens festmacht. Nachträglich wächst das, was aus der Vergangenheit zu uns zurückkommt. Es erfährt allerdings nur dann eine Reifung, wenn wir bereit sind, uns darauf einzulassen. Das weibliche Bestreben nach und Bestehen auf einer eigenen Stimme, die in der Öffentlichkeit Gehör findet, ist eine Forderung an der ständig weiter gearbeitet werden muss – indem wir an die Vergangenheit anknüpfen und diese für die Zukunft neu formulieren.

Politische Handlungen wollen gedanklich vorbereitet sein. Weil es bei der Frauenfrage deshalb immer auch um einen Neuentwurf, wie wir die Welt wahrnehmen und deuten, geht, gilt es auch, eine konzeptionelle Verbindungslinie zwischen den Generationen herzustellen. Die Begriffe »genus«, »gignere« und »generatio« verbinden die Frage des Geschlechts mit dem Akt des Hervorbringens und der Fähigkeit der Zeugung. Sich an Vorgängerinnen zu erinnern, um ihnen nachträglich, in der Jetztzeit, eine Wirkung zuzusprechen, ist dann nachhaltig, wenn es eine Verbindungskette produziert, welche in der Zukunft erhalten werden kann. Wir müssen nicht nur dafür arbeiten, dass die von Judith Shakespeare verkörperte Potenzialität sich jeweils jetzt verwirklichen kann. Wir müssen auch dafür sorgen, dass sowohl sie als auch unsere Arbeit für und mit ihr in die Zukunft hinein wirkt und dort wirksam bleibt.

Judith Shakespeare als Muse zu verstehen, deren Tod eine spekulative Geschichte inspiriert, die als Korrektiv des eigenen Schicksals verstanden wird, lenkt aber zugleich unsere Aufmerksamkeit auf die Frage des Abbruchs. Nachreife bezieht sich auf das Entwickeln während der Zeit der Lagerung, nachdem die Frucht von der Pflanze gepflückt wurde. Die nachträgliche Reife ist durch eine vorherige Unterbrechung von Leben bedingt. Verlagert man den Fokus von der Potenzialität, die es noch zu erreichen gilt, auf die Hemmung und Verhinderung, welche dieser zugrunde liegt, zeigt sich für die Frage der Erbschaft, um die es mir geht, noch ein weiterer Aspekt. Ingeborg Bachmann hat für jenen systemischen Sexismus, der sich in dem Wechselspiel zwischen Eigenwahrnehmung und Fremdbehandlung ergibt, den Begriff der alltäglichen Todesarten geprägt. Auch ihre Romane lassen sich als Fallstudien verstehen für die fehlende Sichtbarkeit der Frau, für das Überhören ihrer Stimme. Wenn eine ihrer Figuren schließlich einfach in der Wand verschwindet und niemand bemerkt, dass sie nicht mehr da ist, dann deshalb, weil man sie schon vorher nicht beachtet hat.

Im Zuge der #MeToo-Bewegung sollte auch diese weitaus subtilere Auslöschung nicht übersehen werden. Zeigt sie sich oft nur in vermeintlich unscheinbaren Gesten statt in körperlichen Angriffen, ist sie weniger leicht fassbar und somit auch weniger leicht anklagbar. Das Verschwinden der Frau dient in diesem Fall als Denkfigur für jenen blinden Fleck in unserer kollektiven Wahrnehmung von Weiblichkeit, in dem Unwissen und willentliche Ignoranz eine Allianz eingehen. Es geht nicht nur darum, dass Frauen als eigenständige und widerständige Spielerinnen im öffentlichen Raum mal instrumentalisiert, mal ausgeblendet werden. Vielmehr gilt es auch, die Aufmerksamkeit darauf zu schärfen, dass wir weiterhin gewohnt sind, dieses virtuelle Verschwinden nicht wahrzunehmen, zusammen mit den vielen kleinen Kränkungen, in denen das Unsichtbarwerden sich äußert.

An dem von Rebecca Solnit geprägten Begriff des Mansplaining lässt sich die Logik dieses systemischen Wegsehens – auch von unserer Seite – festmachen. Weil es bei dieser Gesprächsform für die Frau keinen Platz für ihre Antwort, geschweige denn ihre Gegenrede gibt, wird ihr Sprechraum verkleinert oder gar aufgelöst. Zum schweigenden Zuhören verdammt, wird sie der Möglichkeit beraubt, ihre Meinung mitzuteilen, als hätte sie kein Wissen. Sie wird unter den Worten, mit denen ihr Gegenüber sie zuschüttet, begraben. Kulturell aber hat sich die Vorstellung, die Frau sei von dieser sie überwältigenden Aufmerksamkeit geschmeichelt und profitiere unermesslich davon, als natürliche Gegebenheit etabliert. So sehr haben wir uns an diese fehlende Parität gewöhnt, dass uns das Missverhältnis gar nicht auffällt. So sehr ist die Ausblendung der Frau auch weiterhin naturalisiert, dass auch wir es nicht immer merken.

Die Erbschaft anzutreten, welche Virginia Woolf mit ihrer spekulativen Erzählung an uns heranträgt, heißt nicht nur, darauf zu achten, ob die Frau einmal mehr nur reifiziert wahrgenommen wird oder ob ihr, als weibliches Subjekt verstanden, die Befähigung zum eigenständigen Handeln zugesprochen worden ist. Es heißt auch, darauf zu achten, wann die Forderung, wahrgenommen und gehört zu werden, ihr einmal mehr verwehrt wird – selbst wenn es sich um vermeintlich unbedeutende Ereignisse handelt. Immerhin, das Wort Ignoranz benennt eine Unwissenheit die tadelnswert ist, weil sie etwas nicht zur Kenntnis nehmen will. Die Geschichte Judith Shakespeares als Erbschaft anzunehmen, heißt auch anzuerkennen, dass wir uns diese Nichtbeachtung des Übersehens nicht erlauben können. Jedes Nichthinsehen ist ein Akt der Auslöschung. Die Forderung nach einer nachhaltigen Generationenabfolge ist also nicht nur im spekulativen Sinne entscheidend, weil sie uns nachträglich etwas erkennen lässt, was erst jetzt möglich ist. Es gilt zudem, sich daran zu erinnern, was für Frauen schon einmal möglich war, jedoch nicht tradiert wurde, wodurch die Erbschaftslinie unterbrochen wurde. Eine auf Nachhaltigkeit bedachte Erinnerungsarbeit oszilliert immerfort zwischen dem, woran man anknüpfen kann, und der Erkenntnis dessen, was nur als Lücke, als Bruchstück oder als Auslassung übertragen wurde. Den Blick für das systemische Ausblenden zu schärfen, bleibt dabei die entscheidende Haltung, selbst und vor allem dann, wenn die bewusste Ausgrenzung von Frauen vermeintlich überwunden zu sein scheint.

Ingeborg Bachmann, *Todesarten*-Projekt.
Walter Benjamin, »Die Aufgabe des Übersetzers«.
Elisabeth Bronfen, *Nur Über ihre Leiche. Tod, Weiblichkeit und Ästhetik.*
Virginia Woolf, *Ein Zimmer für sich allein.*

Viel vor

Fatima Moumouni

Was hat die Generation vor mir erreicht mit dem Frauenstimmrecht? Viel. Was gibt es noch zu tun? Viel. Ich schaffe es nicht ganz, Euphorie aufzubringen für das fünfzigjährige Jubiläum des Frauenstimmrechts. Weil es mich zieht und zwickt und juckt beim Gedanken, dass fünfzig Jahre nicht viel sind. Und dreißig Jahre noch viel weniger. Denn es ist wichtig, mitzudenken, dass, während einige Kantone sogar früher dran waren als das bundesweite Frauenstimmrecht, Appenzell Innerrhoden und Ausserrhoden eben sehr viel später dran waren. Es zieht und zwickt und juckt mich beim Gedanken, es *muss* Auswirkungen haben, dass dieses Land so spät dran war und sich nun diskursiv einfach einreiht in die Länder, die in dieser Hinsicht viel fortschrittlicher waren. Es könnte etwas vergessen gehen, wir könnten etwas übersehen, das aufzuarbeiten ist. Und da gibt es viel. Das Patriarchat verschwindet nicht mit dem Stimmrecht. Es verschwindet überhaupt nicht allein mit rechtlichen Anpassungen. Das Patriarchat aus dem Kopf zu bekommen ist schwieriger; das darf man nicht unterschätzen. Wie schnell schießt mir ein »Also *das* ist jetzt aber übertrieben!« durch den Kopf, wenn überhaupt noch nicht übertrieben wurde? Das Wiederaufkommen des schon 2006 von der afroamerikanischen Aktivistin Tarana Burke begründeten Hashtags

MeToo und die gesamtgesellschaftliche Debatte darum zeigen, das geht ziemlich schnell. Debatten über gegenderte Sprache ebenso. Feminizide und Vergewaltigungen sind auch in der Schweiz immer noch ein riesiges Problem, und man kann nicht behaupten, dass an anderer, weniger existenzieller Stelle schon alles in Ordnung ist. Die Zahl von Frauen* in Führungspositionen, von Frauen* in technischen Berufen, von Haushältern, die sich die Hausarbeit gerecht aufteilen, Legislationen zum Vaterschaftsurlaub et cetera belegen das relativ ernüchternd.

Und das lässt sich nicht einfach vertuschen mit dem in der Schweiz so üblichen Blick ins »viel schlimmere Ausland«. Wer wirkliche Gleichberechtigung, Selbstbestimmung, Emanzipation, und das Empowerment von Frauen* aus allen Schichten sowie von sexuellen Minderheiten will, darf sich nicht ständig mit Saudi-Arabien vergleichen. Wer sich bessern will, vergleicht sich mit dem Ideal oder eben wenigstens mit all den Ländern, in denen es schon besser läuft als in der Schweiz, und da gibt es genug.

Und dann kommt noch das Bearbeiten all der Komplexe und Unzulänglichkeiten hinzu, die wir mit dem Patriarchat aufgesogen haben. Ich selbst, die ich mich als emanzipierte Frau sehe, die sehr viel an der Emanzipation des eigenen Denkens gearbeitet hat und auch eine ganze Jugend bis heute mit einzwängenden Geschlechterrollen gekämpft hat, ertappe mich immer wieder aufs Neue und merke, was das Patriarchat nach wie vor mit meinem Denken macht.

Letztens habe ich einen Freund gefragt, was er an seinem Körper verändern würde, wenn er könnte. Die gute alte Frage aus den guten alten Zeiten, in denen man sich in Mädchengruppen in Komplexen gesuhlt hat und sich nichts sehnlicher wünschte, als endlich abzunehmen und sich anständiges Make-up leisten zu können.

Ich bin auf ein Mädchengymnasium gegangen und möchte behaupten, dass es da besonders schlimm zuging, was den pubertären Körperwahn anging, aber das stimmt wahrscheinlich gar nicht. Alle Frauen*, die ich kenne, hatten lange Zeit mit ihren Komplexen zu kämpfen oder tun es immer noch. Wegen des Bauchs, der Brüste, der Hüfte, des Hinterns, der Nase, sogar der Knie – Problemzonen eben. Ich kenne Frauen*, die winken nicht mehr – wegen des angeblichen Schwabbelarms. Wie traurig! Bei den wenigsten hilft es, »einfach« abzunehmen. Wenn man sich lang genug darin übt, unzufrieden mit sich selbst zu sein, wird man ziemlich gut darin. Nachdem diverse Bulimieausbrüche und Magersüchte in meinem Umfeld überwunden waren und in gemäßigteren Selbsthass übergingen, gab es ja trotzdem noch irgendwelche Falten, zu große Poren, zu dunkle Achselhöhlen und diverse Haarkolonien zu bekämpfen. Dementsprechend war die Frage nach der Wunschkörperveränderung immer ein ziemlich beliebtes Spiel. Da konnte man seinen Unsicherheiten freien Lauf lassen, Geständnisse ablegen und gemeinsam davon träumen, was anders wäre, wenn... Ich weiß bis heute nicht genau, was wirklich anders wäre, wenn ich eine bessere Bauch-Beine-Po-Ratio hätte. Wahrscheinlich könnte ich mir bessere, schönere, sexyere Klamotten kaufen. Mjam-mjam, mehr Geld ausgeben! Bis man endlich den guten Konsumbody hat, muss man sich mit den gängigen Schönheitsprodukten abfinden, um zonenweise auch ein bisschen sexy sein zu können und jemanden »abzubekommen«. Foundation, Abdeckstift, Concealer, Puder, Mascara, Eyeliner, Lidschatten, Augenbrauenstift, Lippenpomade, Lippenstift, Lipgloss, Gesichtsmaske, Gesichts-tonic, Peeling, Antifaltenserum, um ein paar zu nennen – natürlich alles in »gut«, also teuer.

Mich haben allerdings schon immer die Mädchen miss-trauisch gemacht, die es schon geschafft hatten, normschön zu sein, und trotzdem vor den dicken Augen und wulstigen Ohren der »festeren«, also in den damaligen Kategorien hässlicheren Mädchen über ihre angeblichen Problemzonen herumheulten. Wenn selbst die normschönen nie schön genug sind, warum überhaupt so einen Aufwand in die Normschönheit stecken?

Und die diversen Mütter, die ihren Töchtern die Komple-xe impf(t)en, ihnen Beautytipps und die besten Diäten vor-schlugen, aber selbst nach einem Leben in Hässlichkeit und Leid noch nicht im Schönheitsnirwana gelandet waren, sondern immer noch in selbststrafender Enthaltsamkeit in Form von ebenjenen stumpfsinnigen Diäten litten.

Und auch der Moment, in dem ich inmitten des Kalorien-wahns herausfand, wie lange man tatsächlich aufs Laufband müsste, um auch nur einen Becher Joghurt zu verbrennen. Das ging mir entschieden zu lang. Jedenfalls war nach diesen drei Beobachtungen klar, dass da etwas nicht stimmte mit dem Versprechen, sich irgendwann schön genug fühlen zu dürfen, wenn diese oder jene Prämisse (Abnehmen! Fett-absaugen! Schamlippenverkleinerung! Fitnessstudio!) end-lich erfüllt sein würde.

Ich selbst habe auf die Körperveränderungsfrage also immer trotzig mit »Nichts« geantwortet, »Ich würde gar nichts verändern, ich bin zufrieden mit meinem Körper!«, weil ich die Geständnisse nervig und entblößend fand. Bei mir wäre es wohl irgendetwas mit dem Gewicht und dem

Bauch gewesen, hätte ich ehrlich geantwortet. Ehrlich, weil natürlich auch ich nicht unversehrt aus dieser für das Selbstbewusstsein eines jungen Mädchens so feindlichen Welt entkam. Meine Mutter sagte mir zwar alles Mögliche, um mich in einem positiven Körpergefühl zu bestätigen, aber so ganz glaubt man als Teenie seiner Mutter ja doch nicht.

Das Patriarchat und den Kapitalismus verfluchend, die meiner Analyse nach an allem schuld sind, ist mir letztens also aufgefallen, dass ich bis heute nicht frei von Schönheitsidealen bin, die ich rein rational eigentlich ablehne. Ich habe zum Beispiel gemerkt, dass ich es gar nicht so sehr gewohnt bin, mich nicht dick zu finden, obwohl ich wirklich nicht dick bin, ich schwöre! Und wenn schon: Gleichzeitig bin ich es auch nicht gewohnt, mich dick, aber trotzdem schön zu finden.

Als ich letztens vor dem Spiegel stand, fiel mir also die alte Frage wieder ein, und ich antwortete mir selbst mit Nachdruck wieder: »Nichts«, und war ein bisschen stolz auf mein früheres Ich, das sich dem Beautywahn so standhaft zur Wehr gesetzt hatte wie ein Fähnchen im Wind.

Bis ich eben diesen Freund fragte, was er antworten würde. Ich weiß, dass es Männer, wie man heutzutage immer so schön sagt, »inzwischen auch nicht so leicht haben«. Der Muskelkörperkult und sogar einige große Kosmetikfirmen, die für teures Make-up extra für Männerhaut werben, sind der beste Beweis dafür. Letztens habe ich eine Werbung von einem großen Make-up-Hersteller gesehen, bei der verschiedene normschöne Jungs vor der Kamera gestehen, dass sie sich manchmal hässlich fühlen und sich nach einer Partynacht nicht vors Haus trauen. Das neue, einzigartige Make-up für Männer sei die Lösung … Ich war geschockt, als ich die Werbung sah. Ich hatte das Gefühl, sie machen jetzt mit den armen Jungs genau das, was sie mit uns gemacht haben, Unsicherheit einreden und normalisieren und dann die angebliche Lösung verkaufen! Nehmt euch in Acht, Jungs, genauso fängt es an!

Ich erwartete, der Freund würde meine Frage ebenfalls mit »Nichts« beantworten, denn er ist selbstbewusst und hat einen guten Körper. Doch er zögerte.

Hatte er doch auch Komplexe? Wie verrückt!

Dann antwortete er: »Vielleicht würde ich etwas an der Explosivität meiner Muskelkraft verändern, dann könnte ich höher springen.«

Ich war erst einmal sprachlos über seine Antwort. Mit welcher Leichtigkeit und Naivität er geantwortet hatte! Nichts absaugen oder aufpumpen, um irgendwem zu gefallen!

Und ich beneide ihn darum, so viel unversehrter aus seiner Umwelt hervorgegangen zu sein. Was gibt es Unversehrteres, als nicht mit Selbsthass auf eine Zauberfrage zu antworten? »Oder stabilere Knöchel«, schob er hinterher. »Die verknackse ich mir immer so schnell.« Es gab tatsächlich sinnvolle Antworten auf die böse Frage, die immer nur Komplexe hervorgebracht hat. Wie hatte ich es all die Jahre geschafft, nicht selbst daraufzukommen? Ich hatte riskiert, für den Tag, an dem vielleicht eine Fee kommt und mir anbietet, drei Veränderungen an meinem Körper vorzunehmen, völlig unvorbereitet zu sein. Ich hätte trotzig und stolz »Nichts« geantwortet, statt mir Flügel, eine ewig gesunde Magenflora und robustere Kreuzbänder zu wünschen. Wie dumm! Ich glaube, ich habe noch vieles zu verlernen. Und ich freue mich, das in Gesellschaft von motivierten Frauen* zu tun, auf die wir allesamt stolz sein können. Denn fünfzig Jahre Stimmrecht und ein Frauenstreiktag, bei dem über 500 000 Frauen* teilgenommen haben, das ist schon was. Und von hier machen wir weiter.

Zora

IREN MEIER

Vielleicht ist es die leiseste Stimme, die ich jemals vernommen habe. Sie gehört einem kleinen Mädchen in Belgrad. Zora. Ich traf es in einem Kindergarten am Tag vor der Einschulung. Das Romamädchen kam in die staatliche Grundschule. Für ein Romakind war das ein Wunder. Das Betteln auf der Straße hatte ein Ende; die Eltern hatten schließlich eingewilligt, Zora in die Schule zu schicken. Sie saß draußen bei den anderen, die Sonne schien in den Hof. Ich setzte mich zu ihr und fragte sie: »Was willst du in der Schule lernen, Zora?« Eine kleine Pause. Dann nur ein Wort: »Sve.« »Alles.« Ganz leise. Schüchtern. Aber in diesem winzigen Wort, dieser zarten Antwort lag eine Bestimmtheit, wie ich sie nie zuvor gehört hatte. »Alles.« So rein, so klar, so selbstverständlich. Dieses »Sve« kam aus dem Innersten dieses kleinen Menschen. Es war, als spürte das Mädchen am Rand der Gesellschaft seine einmalige Chance. Es war, als ahnte es die eigene Kraft. Und das eigene Recht. Ich erinnere mich an die dunklen Augen und an die aufrechte Haltung. Ihre Beine berührten nicht einmal den Boden, aber ihr Kopf schien von einem unsichtbaren Faden in die Höhe gezogen zu sein. Es war, als sprächen in diesem Moment alle Mädchen dieser Welt aus Zora. In allen Sprachen.

Was hat diese kleine Szene, lange zurück, mit dem

Stimmrecht der Schweizer Frauen zu tun? »Alles.« Wir sind die Schale, sie ist der Kern. Ein kleiner Mensch weiblichen Geschlechts, unterdrückt und diskriminiert, benennt mit wenigen Buchstaben die Rechte aller Mädchen und Frauen auf dieser Welt und beansprucht sie.

Zora erinnert sich selber heute wahrscheinlich nicht mehr an diesen Moment, an diese kurze Begegnung. Für mich aber ist das kleine Romamädchen eine Art Kompass geworden. Reisebegleiterin durch Länder, Landschaften und Konfliktgebiete dieser Welt. Immer wieder bin ich in den letzten Jahrzehnten in Wahllokalen gestanden, in Palästina, im Irak, in Iran, Syrien, Libanon, der Türkei. Unzähligen Frauen bin ich begegnet, die mir ihren Daumen oder Zeigefinger entgegengestreckt haben, tiefblau von der Tinte gefärbt: »Sieh her, ich habe gewählt! Ich habe meine Stimme abgegeben.« Und immer war da dieser Blick. So wie Zoras Stimme. Bestimmt, klar, voller Kraft. Und oft auch verschmitzt. Ein kleines Lachen. Die Frauen wurden sichtbar. Selbst mit Kopftuch und im Schlepptau von Patriarchen. Ihre Stimmen sind nicht mehr zu ersticken. Und doch, der Gang an die Wahlurne, oft beschwerlich und gefährlich, ist nur eine Etappe auf dem Weg. Zu oft eine oberflächliche, eine momentane. Eine wirkliche Veränderung der Umstände und der Gesellschaft bedeutet er noch lange nicht. Auch die Frauen in den Wahllokalen von Teheran, Ramallah, Damaskus, Bagdad, Beirut und Istanbul wussten und spürten dies.

Die kleine Zora spricht für Louma, die mit Mann und fünf Kindern aus dem syrischen Homs nach Libanon geflüchtet ist. Sie kommt erst zu Wort, nachdem alle Männer in der kleinen Hütte ihre Meinungen kundgetan haben, laut und dominant. Ich unterbreche sie und sage: Ich möchte

Louma hören. Die Männer, erstaunt und verschnupft, trollen sich davon, ich bin allein mit Louma in der improvisierten Küche. Und jetzt spricht sie. Es spricht aus ihr. Wie ein Wasserfall. Hier, im geschützten kleinen Raum, entgegnet sie den Männern, die ihr nicht zuhören. Nie, nie wäre sie aus Homs geflüchtet, wenn sie hätte entscheiden können. Alle seien sie nun entwurzelt, entwürdigt, verarmt, verloren. Die Kinder hätten nie mehr eine Schule von innen gesehen. Nie mehr würden sie Heimat finden, nirgends mehr Wurzeln schlagen können. Spricht sie darüber mit ihrem Mann? Ihr Blick ist der ganze Schmerz. Dann schaut sie ins Leere. Louma wurde nicht gefragt. Louma wird nicht gefragt. Nur einen Moment lang kann sie einer Fremden in ihrer kleinen Küche erzählen, was ihr Herz so schwer macht. Danach schweigt sie wieder.

Zoras »Sve« kommt aus dem Mund ihrer Altersgenossin Nesrin in Teheran. Aufgeweckt und klug entdeckt sie die Welt. Alles interessiert sie, alles will sie ausprobieren. Aber bereits jetzt, als Erstklässlerin, stößt sie überall an Grenzen. Wird eingespurt in ein Leben, das die Geschlechter trennt, in dem die Religion alles bestimmt, auch das Privateste. Im Iran dürfen die Frauen nicht öffentlich singen, auf der Bühne, wenn Männer im Publikum sitzen. Seit der islamischen Revolution von 1979 ist es verboten. Nesrin singt für ihr Leben gern. Und sie liebt es zu schwimmen. So wie ihr Vater. Gemeinsames Vergnügen, gemeinsamer Sport. Damit ist es bald vorbei. Verboten für ein Mädchen in Nesrins Alter. Freude und Leichtigkeit werden zum Verschwinden gebracht. Das Singen verstummt, das Lachen wird leiser.

Bis zu Hanan in Gaza-Stadt dringt Zoras Stimme. Zwischen Trümmern und Elend kriecht sie hinein ins Haus der jungen Palästinenserin. Die in ihrem Leben nichts anderes kennengelernt hat als Krieg und Gewalt in unregelmäßigen, immer kürzeren Abständen. Eine traumatisierte Gesellschaft, verstörte Kinder. Ein Gefängnis unter kaltem Himmel. Hanan, ohne Vorstellung vom Leben außerhalb des Gazastreifens, tagträumt sich weg aus der Gegenwart in eine utopische Zukunft: Rechtsanwältin möchte sie werden.

Immer wieder. So viele Mädchen in Konflikt- und Kriegsgebieten nennen als Berufswunsch Rechtsanwältin. Sie haben keine realistische Vorstellung von Studium und Tätigkeit. Aber sie erleben das Unrecht so intensiv und so häufig, dass ihnen Recht als der einzige Ausweg vorkommt, es als Sehnsucht schlechthin in ihrem Leben Platz nimmt. Sie sehen ihre Eltern ohnmächtig, hilflos der Repression ausgesetzt. Der Vater, der sie nicht schützen, sich selbst nicht helfen kann. Eine solche Erfahrung sei eine der prägendsten, sagen Psychologen.

Hanans »Rechtsanwältin« ist ein Synonym für Zoras »Sve«. Und meint das Unerhörte. Sie werden es wiederholen, bis man sie hört. Sie werden kämpfen, bis man sie sieht.

Wir sind die Schale, sie sind der Kern.

Ich war sechzehn, als meine Mutter das erste Mal abstimmen und wählen konnte. Ich war noch klein, als sie mir erzählte, dass sie nach dem frühen Tod ihrer Mutter für die jüngeren Geschwister mitsorgen musste und ihre Schul- und Berufswünsche in ihren Träumen und Sehnsüchten versanken, nicht aber im realen Leben Blüten trieben. Ich habe sie nie »Alles« sagen hören. Aber jetzt, wenn ich ihre Kinderfotos betrachte, höre ich es. Dieses kleine Gesicht voller Neugier, Lebenslust und Kraft. Und ich vernehme es, wenn ich das Bild meiner Großmutter sehe. Ein leises

Flüstern der Ahnen. Auf ihren Opfern, ihrem Verzicht, ihrer Kraft gründen meine Möglichkeiten, meine Würde, meine Chancen. Sie waren der Kern, jetzt bin ich die Schale. Die schützt und birgt, was heute wächst. Was versucht zu wachsen und zu blühen. Eine Verpflichtung hier und überall. Vor allem aber dort, wo selbst das Flüstern lebensgefährlich ist. Die Erinnerung an das Gesicht von Zora legt sich über das Kinderfoto meiner Mutter. Und ich sehe Louma zu Hause in Homs. Nesrin schwimmend im Meer. Hanan als Anwältin im Gericht.

Zärtliche Solidarität.

Königin des Friedens

PATTI BASLER

Diese Hand. Die abgetrennte Hand, die im Gras lag. Immer wieder habe sie diese Hand gesehen, erzählt mir Martha. Sie habe schreien wollen. Doch da sei keine Stimme gewesen. Als hätte sich die Hand auf ihren Mund gelegt. Nachts habe ihr die Hand oft zugewunken, als wolle sie etwas sagen.

Sie sei ja jung gewesen, damals. Noch ein Schulmädchen. In der Nacht habe sie den Feuerball gesehen und den Chlapf gehört und sei wie die anderen Kinder des Dorfes zur Absturzstelle gerannt. Die Buben hätten die Mädchen weggescheucht, das sei Männersache. Doch die vorlautesten hätten sich bald bleich in die Büsche verdrückt.

Sie selbst habe ja nur wenig gesehen, sie habe sich am äußeren Radius der Absturzstelle herumgetrieben. Ein richtiger Krater sei es gewesen, als hätte die Erde den Mund geöffnet. Die Flugzeugtrümmer lagen verstreut wie Eierschalen. Ein Propellerblatt ragte in den Himmel wie ein ausgestreckter Zeigefinger. Im Gras zwischen Schlüsselblumen, Händschli und Löwenmäulchen lag die Hand. Es war die Hand des englischen Kampfpiloten, der mit seinem Bomber abgestürzt war.

Zu Hause habe sie nichts erzählt. Erst viel später, als bei der Absturzstelle die Kapelle der heiligen Maria, Königin des Friedens, errichtet worden sei, da habe sie endlich darüber reden können, berichtet Martha und schlägt mit der Hand ein Kreuzzeichen. Es sei ihr vorgekommen, als habe die Maria ihr eine Stimme verliehen.

Die Familie brauchte damals jede helfende Hand. Da waren viele hungrige Münder zu füttern. Die Schulpflicht für Mädchen und Buben verhinderte aber die schnelle Eingliederung ins Erwerbsleben. So beschlossen die Eltern kurzerhand, Marthas Ausweis zu fälschen. Sie wurde um zwei Jahre älter gemacht. Um zwei Schuljahre betrogen. Um Algebra und Geografie, um geometrisches Zeichnen und Französisch, um Geschichte und Anatomie. Sie lernte nie, einen Vortrag zu halten oder kritische Fragen zu stellen. Sie lernte nie, ihre Stimme zu erheben. Außer im Sopranregister des Kirchenchors. Denn Katechismus, Christenlehre und die römisch-katholische Liturgie waren die einzige Bildung, die ihr fortan zuteil wurde. In der Kapelle zur Königin des Friedens. Müde war sie. Zerschlagen. Die Hände schmerzten, und der viel zu junge Rücken, die viel zu schmalen Schultern nach den Zehnstundenschichten in der Fabrik. Das Sitzen, Aufstehen, Niederknien, Wiederaufstehen, selbst das Sichbekreuzigen tat weh. Ihre Gebete blieben still.

Maria, Königin des Friedens, hielt zwei Schwurfinger in die Luft, als suche sie den direkten Kontakt mit dem Himmel, als wären die Finger eine Antenne für Gottes Gnade. Wie Beromünster, dachte Martha, Beromöischter, die Stimme der Nation auf dem Hügel gegenüber. Dort war berichtet worden vom Bomberabsturz, später vom Geldsammeln für die Gedächtniskapelle. Auch vom tragischen Unfall in der Fabrik, bei dem einem Arbeiter die Hand ins Räderwerk geraten war. Von den vielen stummen Arbeiterinnen wurde nicht gesprochen. Auch nicht vom Vorarbeiter, welcher die weiblichen Angestellten ins Büro beorderte, einzeln, bei zugezogenen Vorhängen. Einige waren schnell wieder draußen. Nicht nur aus dem Büro. Auch aus der Fabrik.

An sie habe er nie Hand angelegt, erzählt Martha, sie habe immer eine Ausrede gefunden, und einen Beschützer. Dieser wurde ihr Mann, sodass sie nicht mehr in die Fabrik musste. Nachts träumte sie von der Hand und tagsüber machte sie den Haushalt. Den eigenen hatte sie schnell erledigt, bald gingen ihr auch die Kinder zur Hand. Der Haushalt der Schwiegereltern war die weitaus größere Arbeit. Der Schwager habe nicht viel gesagt. Aber geschaut habe er. Auch ihre Kinder habe er angeschaut. Sie schwöre bei der heiligen Mutter Gottes, dass sie keines von ihnen alleine bei ihm gelassen habe. Obwohl er Sigrist in der Kapelle war. Und Amtsvormund. Man habe ihm Mündel gegeben, Kinder, die man den ledigen Müttern weggenommen habe, den Arbeiterinnen aus der Fabrik. Denjenigen, welche nicht rechtzeitig aus dem Büro des Chefs geflohen waren. Einmal sei ihrem Mann die Hand ausgerutscht. Nicht ihr gegenüber, Jesses Maria, nein, aber dem Bruder sei er übers Maul gefahren, als er ihn erwischt habe. Dieser sei danach weg, nach Amerika. Man habe nie mehr etwas von ihm gehört. Manchmal träumte ihr, sein Flugzeug sei abgestürzt und seine Hand sei abgetrennt worden.

Sie habe nichts gesagt. Wem auch? Selbst im Beichtstuhl erfand sie lieber kleine Sünden, machte kleine Geständnisse, um die großen Anklagen zu verschweigen. Der Pfarrer verstand ja doch nichts davon. Zehn Ave-Maria. Gebenedeit seist du unter den Weibern. Gebenedeit sei die Frucht deines Leibes.

Am Dorfeingang stand das Plakat mit dem Zeigefinger. Heute Gemeindeversammlung!, mahnte die Hand. Das hieß für die Frauen, dass die Männer aus dem Haus waren und die Beiz Freinacht hatte. Martha spazierte wie zufällig am Gemeindesaal vorbei, wer für das Frauenstimmrecht sei, bezeuge das durch Handerheben, Meier Sepp, willst du noch einen Antrag stellen? Sprich. In der Sache Müller Elsi.

Ihr Name fiel nicht und ihr Mann stellte keine Anträge, erinnert sich Martha. Die Meier Seppen und Chüngeli Tonis bestimmten über die Stimme der Frauen, über den Umgang der jungen Mädchen mit dem Vorarbeiter, mit dem Sigrist, mit dem Amtsvormund. Über die gebenedeiten Leiber der Frauen, welche später in der Freinacht die Hände ertragen mussten und die Münder, die nach einer krummen Villiger und billigem Wein rochen. Das Frauenstimmrecht wurde abgelehnt.

Einige Dörfer weiter durften die Frauen endlich stimmen, mitbestimmen, die Hand erheben und die Stimme im Gemeindesaal. Auf der Landkarte zwei Dörfer weiter links waren die Frauen noch rechtlos. Die Frauen in der Schweiz sind von Kanton zu Kanton verschieden.

Dann gab es den zweiten Chlapf. Die Pulveri flog in die Luft. Die Sprengstofffabrik, in welcher der Mann arbeitete. Eine ganze Region stand unter Schock. Radio Beromünster war da und Zeitungen aus dem ganzen Land. Der Mann hatte Glück gehabt. Nur sein Gehör wurde beeinträchtigt. Sie musste jetzt immer laut und deutlich reden. Nachts hörte sie ihn jammern und stöhnen. Ob er wohl auch Hände sah? Oder andere Körperteile?

Heute Abstimmung.

Es hatte einen dritten Chlapf gegeben. Keinen lauten

diesmal. Keine abgetrennten Hände und Hörschäden. Nur einige Meier Seppen machten die Faust im Sack und brummten, wenn jetzt eine Weiberwirtschaft einziehe, dann gnade Gott. Martha hielt zum ersten Mal das Papier in der Hand. Sie war nie eine von denen gewesen. Von den Feministinnen, von den Emanzen, von den Gelernten oder gar Gstudierten. Aber jetzt, da sie das Papier umklammerte, ganz alleine zu Hause, die Kinder in der Schule, der Mann in der Fabrik, jetzt entfuhr ihr ein Juchzer aus tiefster Brust. Heilige Maria Mutter Gottes!

Keine Macht der Welt hätte sie davon abhalten können, das Kreuz zu setzen, zur Urne zu gehen, am Sonntag vor der Messe. Der Mann brauchte nicht zu wissen, was sie stimmte. Nur bei den ganz wichtigen Wahlen, wenn es ums Dorf ging und ums Wohl der Kinder, dann musste am Küchentisch diskutiert werden. In die Schulpflege würde sie ihn nicht wählen, nicht den Vorarbeiter und nicht den Meier Sepp. Keiner von beiden sollte über ihre Töchter und Söhne bestimmen können. Die Männer im Dorf blieben stumm und zündeten eine Krumme an. Die Frauen redeten miteinander. Nun hatten sie zwei Stimmen, wenn es um Schulbelange ging: die des Mannes und die eigene. Der Meier Sepp wurde bald darauf gefunden. Oberhalb der Kapelle, beim Absturzkrater im Wäldchen. Er war durch die eigene Hand zu Tode gekommen. Heilige Maria, bitt für uns Sünder.

Erst jetzt wurden auch die Stimmen der Männer laut. Der Meier Sepp, er sei doch einer von ihnen gewesen. Aber doch immer anders. Kein Wunder, dass seine Frau so jung gestorben sei. Zum Glück habe sie ihm keine Kinder hinterlassen.

Der eigene Mann sei kurz nach der Pensionierung gestorben, sagt Martha, er habe sich nie recht erholt vom

Pulverichlapf. Darüber reden habe er aber nicht können. Die Stimmen, die ihn verfolgt hatten, waren irgendwann lauter geworden. Es sei vielleicht besser so, meint Martha. Seine Urne sei im kleinen Friedhof bei der Königin des Friedens beigesetzt worden. Martha macht Handarbeiten. Sie strickt. Die Töchter streiken.

Sie sind längst weg vom Dorf, die ältesten werden bald selber pensioniert. Marthas Enkelin war vor einigen Jahren vorbeigekommen. Ob sie ihr nicht Mützen stricken könne. In Pink. Man wolle die Stimme erheben gegen die Lohn-ungleichheit. Demonstrieren in Bern. Martha ist keine von denen, keine Gstudierte oder Laute. Aber dass sie früher in der Fabrik doppelt so viel gearbeitet hatte für den halben Lohn der Männer, das wusste sie genau. Das war damals nicht richtig gewesen, und heute auch nicht. Also strickte sie. Mützen, Hüte und Schals. Manchmal müsse es eben einen Chlapf geben, meint sie, damit nachher wieder Frie-den einziehen könne.

Beim nächsten Streik war sie mitgegangen. Mit einer rosa Mütze. Lustig war es gewesen und laut. Im Café habe man diskutiert und erzählt. Meier Seppen gebe es immer noch und zudringliche Vorarbeiter. Das habe sie schnell gehört. Doch jetzt reden sie, die jungen Frauen. Sogar unter die Bettdecke lassen sie einen schauen.

Doch nun müsse sie, sagt Martha. Sie habe noch einen Schal fertig zu stricken. Diesmal in allen Farben des Regen-bogens. Und ob ich das Plakat nicht gesehen habe. Heute Abstimmung. Keine Macht der Welt könne sie davon ab-halten, heute ihre Stimme abzugeben. Sie tue es für ihre Enkelin. Ganz aufgeregt sei diese gewesen beim letzten Zusammentreffen. Sie habe Flugzeuge im Bauch. Stell dir vor, sagt Martha, die Freundin der Enkelin hat um ihre Hand angehalten. Und nun träumten sie alle drei von einem Hochzeitsfest in der Kapelle zur Königin des Friedens.

Die Beteiligten

Nicole Althaus, *1968, ist Autorin, Kolumnistin und Chefredaktorin Magazine der NZZ. Sie hat den Mamablog auf Tagesanzeiger.ch gegründet und wurde 2012 zur Journalistin des Jahres gewählt. In Zürich und Berlin hat sie Germanistik und Kunstgeschichte studiert und wohnt heute mit ihrer Familie am Zürichsee.

Fabienne Amlinger, *1976, ist Historikerin und Geschlechterforscherin. Sie arbeitet am Interdisziplinären Zentrum für Geschlechterforschung der Universität Bern. Die Geschichte der schweizerischen Frauenbewegung sowie Geschlecht und politische Partizipation sind ihre Forschungsschwerpunkte.

Patti Basler, *1976, Autorin, Satirikerin und Kabarettistin, Trägerin des Salzburger Stiers 2019, schreibt für die Bühne und für verschiedene Magazine und Zeitungen. Die studierte Erziehungswissenschaftlerin, Soziologin und gewesene Lehrerin wuchs als Bauerntochter im Fricktal auf und tourt heute auf Bühnen im deutschsprachigen Raum.

Silvia Binggeli, *1972, Tochter einer Schweizerin und eines westafrikanischen Vaters, wuchs in Guggisberg auf – für sie das schönste Dorf der Welt. Sie arbeitete bei der *annabelle* als Reporterin, Ressortleitern und Chefredaktorin. Aktuell entdeckt sie in einem Weiterbildungs-Sabbatical ihre Lieblingsstadt New York. Die Journalistin will sich neu orientieren.

Susan Boos, *1963, lernte das journalistische Handwerk bei der *Ostschweizer AZ* in St. Gallen. 1991 wechselte sie als Redaktorin zur *WOZ Die Wochenzeitung.* Dreizehn Jahre lang leitete sie die Redaktion. Sie schreibt weiterhin für die *WOZ* und verfasst Sachbücher.

Irena Brežná, *1950, von Bratislava, emigrierte 1968 in die Schweiz und lebt heute in Basel. Die Psychologin, Journalistin, Kriegsreporterin und Schriftstellerin publizierte zehn Bücher, erhielt zehn Publizistik- und Literaturauszeichnungen, 2012 den Schweizer Literaturpreis.

Elisabeth Bronfen, *1958, ist Ordinaria am Englischen Seminar der Universität Zürich. Bekannt geworden durch die Studie *Nur über ihre Leiche. Tod, Weiblichkeit und Ästhetik*, beschäftigt sie sich in ihren Publikationen mit weiblichen Ausdrucksformen in Literatur, Kunst und Film. In *Besessen. Meine Kochmemoiren* entdeckt sie die Küche als Ort kulinarischer Inspiration.

Regula Bührer Fecker, *1978, ist Gründungspartnerin und Strategieleiterin der Zürcher Werbeagentur Rod Kommunikation. Sie wurde zweimal zur Werberin des Jahres gekürt. Neben ihrer beruflichen Tätigkeit setzt sie sich als Autorin des Buches *#Frauenarbeit* und mit ihrer gleichnamigen Stiftung für die berufliche Förderung von jungen Frauen in der Schweiz ein.

Monika Bütler, *1961, ist ordentliche Professorin für Volkswirtschaftslehre an der Universität St. Gallen (HSG). Ihre Forschungsschwerpunkte sind Sozialversicherungen, Arbeitsmarkt und politische Ökonomie. Sie lebt mit ihrer Familie in Zürich.

Anja Conzett, *1988, aufgewachsen in den Bergen Graubündens, ist Reporterin beim digitalen Magazin *Republik* und Autorin des Buchs *Lohndumping. Eine Spurensuche auf dem Bau*. Diese Arbeit wurde mit dem Bündner Kulturförderpreis, dem ProLitteris-Förderpreis und dem Schweizer Reporterpreis ausgezeichnet.

Gisela Feuz, *1975, ist Kulturjournalistin für Radio und Print, Dozentin, Moderatorin, Sängerin der Garage-Rock-Band The Monofones, Herausgeberin des Fotobuches *Montagshunde* und schreibt Kolumnen für die Zeitung *Der Bund*. Sie lebt und arbeitet in Zürich und Bern.

Ariane von Graffenried, *1978, ist Autorin und promovierte Theaterwissenschaftlerin. Sie ist Mitglied der Autor*innengruppe Bern ist überall, Kuratorin des Internationalen Lyrikfestivals Basel und tritt als Spoken-Word-Performerin im Duo Fitzgerald & Rimini auf. Für ihre Texte wurde sie mehrfach ausgezeichnet.

Stefanie Grob, *1975, ist die schnellste Bernerin der Welt. Mit unglaublichem Words-per-Minute-Level schleudert die Spoken-Word-Literatin ihre Texte von Bühnen und ist auf Radio SRF 1 in der Satiresendung »Zytlupe« zu hören. Für ihre Solopublikation *Inslä vom Glück* erhielt sie den Literaturpreis der Stadt Zürich. Zurzeit tourt sie mit Sibylle Aeberli und dem Programm »Schlaflos – ich wach mich kaputt«.

Yael Inokai, *1989, studierte Philosophie in Basel und Wien, Drehbuch an der Deutschen Film- und Fernsehakademie Berlin. Für ihren Roman *Mahlstrom* wurde sie mit dem Schweizer Literaturpreis ausgezeichnet. Sie ist Redaktorin bei der Zeitschrift *PS: Anmerkungen zum Literaturbetrieb / Politisch Schreiben* und lebt als freie Autorin in Berlin.

Simona Isler, *1982, ist Historikerin, Mutter und Hausfrau. Sie hat zu feministischen Perspektiven auf Arbeit um 1900 promoviert und arbeitet als Gleichstellungsbeauftragte beim Schweizerischen Nationalfonds. Sie ist Mitbegründerin der Eidgenössischen Kommission dini Mueter (EKdM) und Mitglied bei WIDE Switzerland, einem feministischen Netzwerk für care-ökonomische Fragen.

Elisabeth Joris, *1946, ist Enkelkinder betreuende Großmutter und freischaffende Historikerin in Zürich. Sie hat zahlreiche Beiträge und mehrere Bücher zum Forschungsschwerpunkt Geschlechtergeschichte im 19. und 20. Jahrhundert veröffentlicht, unter anderem zu geschlechtsspezifischen Aspekten der politischen Partizipation, der Migration und der Arbeit.

Rita Jost, *1951, lebt in Bern. Sie ist Journalistin und Publizistin. Sie arbeitete unter anderem 26 Jahre für die Informationsabteilung von Radio SRF und jahrelang für die Zeitung *reformiert*. Sie ist Mitautorin von *Revolte, Rausch und Razzien. Neunzehn 68er blicken zurück*, Bern 2018.

Heidi Kronenberg, *1953, lebt in Bern. Sie arbeitet als Journalistin und Publizistin und war bis 2013 Redakteurin bei Radio SRF 2 Kultur. Sie ist Mitherausgeberin von *Mystiker, Mittler, Mensch. 600 Jahre Niklaus von Flüe*, Zürich 2016, und von *Revolte, Rausch und Razzien. Neunzehn 68er blicken zurück*, Bern 2018.

Nina Kunz, *1993, hat in Zürich Sozial- und Wirtschaftsgeschichte studiert und ist heute Kolumnistin beim *Magazin*. Ihre Texte erschienen in der *NZZ*, dem *Tages-Anzeiger*, der *Zeit* und dem *Zeitmagazin*.

Christine Loriol, *1960, ist mit eigener Firma tätig als Texterin, Ghostwriterin und Coach. Von ihr erschien *Damit wir auch in Zukunft eine Zukunft haben. Ernst Frischknecht – der Bio-Pionier*. Sie strickte für Petra Volpe zur Premiere der *Göttlichen Ordnung* den Pussyhat – zu sehen in der Sammlung des Landesmuseums.

Barbara Marti, *1958, ist Historikerin, Journalistin und Gründerin von frauensicht, dem Portal für die Gleichstellung von Frauen und Männern. Dieses wertet nationale und internationale Informationsquellen aus und ergänzt sie mit eigenen Recherchen.

Iren Meier, *1955, ist Journalistin und war von 1981 bis 2018 Redaktorin bei Radio SRF. Bekannt wurde sie als Korrespondentin in Osteuropa/Balkan (1992–2001) und im Nahen Osten (2004–2012).

Fatima Moumouni, *1992, ist Spoken-Word-Poetin. Mit ihren Texten ist sie auf Bühnen unterwegs – in der Schweiz wie auch international. Nebst ihren Soloauftritten performt sie im Duo mit Laurin Buser. Die Wahlzürcherin ist mit ihrer Arbeit am öffentlichen Diskurs um Rassismus beteiligt und bietet Workshops zum Thema an.

Esther Pauchard, *1973, ist Fachärztin für Psychiatrie und Psychotherapie und arbeitet als leitende Ärztin an einer Suchtfachstelle in Thun. Außerdem schreibt sie Kriminalromane und Kolumnen. Sie lebt mit ihrer Familie in Thun.

Anja Peter, *1980, ist Historikerin, Mutter und Hausfrau. Sie hat zur 10. AHV-Reform geforscht, war beruflich lange in der Gewerkschafts- und Gleichstellungsarbeit tätig, aktuell als freischaffende Feministin. Die Mitbegründerin der Eidgenössischen Kommission dini Mueter (EKdM) ist auch Mitglied von WIDE Switzerland, einem feministischen Netzwerk, das sich mit care-ökonomischen Fragen auseinandersetzt.

Ina Praetorius, *1956 in Karlsruhe, Germanistin und konfessionslose Theologin, freie Autorin und Referentin, wohnt seit 1988 im Toggenburg.

Sarah Probst, *1990, ist Historikerin. Zurzeit plant sie ihre Dissertation über die Geschichte der Freiwilligenarbeit in der neuen Frauenbewegung. Sie ist engagiert im Frauen*streikkollektiv Solothurn, im Verein fem*so und schreibt für feministische Blätter, zuletzt für die *Streikpost* aus Solothurn.

Franziska Rogger Kappeler, *1949, schrieb zwischen ihrem zwanzigsten und sechzigsten Lebensjahr in Zeitungen und veröffentlichte Bücher. Daneben studierte sie in Bern und Berlin und zog zwei Söhne auf. Die promovierte Historikerin führte zwanzig Jahre lang das Archiv der Universität Bern. Heute erforscht sie Frauenbiografien und -geschichte.

Anna Rosenwasser, *1990, ist von Beruf lesbisch, bisexuell ist ihr Hobby. Neben ihrer Tätigkeit als Cogeschäftsleiterin der Lesbenorganisation Schweiz (LOS) arbeitet sie als Kolumnistin für diverse Medien. Sie ist in Schaffhausen aufgewachsen, wo sie eine LGBT-Jugendgruppe mitgründete, und lebt in Zürich.

Nora Ryser, *1994, in Bern aufgewachsen, studierte Illustration in Luzern. 2016, nach ihrem Abschluss, verlegte sie ihren Lebensmittelpunkt wieder zurück nach Bern, wo sie seither als selbständige Grafikerin und Illustratorin von wissenschaftlichen und literarischen Texten arbeitet. Der Feministin brennen Themen der Selbstermächtigung und DIY direkt unter den Nägeln, von wo aus sie früher oder später den Weg aufs Papier finden.

Laavanja Sinnadurai, *1990, ist als Tochter sri-lankischer Flücht-linge in Niederscherli aufgewachsen. Die Juristin, die während des Studiums als jüngstes Mitglied ins Könizer Gemeindeparlament gewählt wurde, arbeitet heute beim Staatssekretariat für Migration in Bern und ist nebenamtlich als Mediatorin tätig, unter anderem bei Kontextbern.

Lotta Suter, *1952, studierte Philosophie, Politologie und Publizistik. Sie ist Mitbegründerin und langjährige Redaktorin der *WOZ Die Wochenzeitung*. 1997 wanderte sie mit vier Kindern in die USA aus. Seither ist sie USA-Korrespondentin für verschiedene Medien sowie Buchautorin.

Angelika Waldis, *1940, arbeitete als Lehrerin und Journalistin und konzipierte mit Ehemann Otmar Bucher das Jugendmagazin *Spick*, das sie von 1982 bis 1999 leiteten. Seit 2000 ist sie freie Autorin. Ihr Roman *Ich komme mit* war 2019 das Lieblingsbuch des Schweizer Buchhandels. Sie hat zwei Kinder und drei Enkel und lebt in Gockhausen (ZH).

Laura de Weck, *1981, lebt in Hamburg und ist Theaterautorin. Ihre Stücke werden weltweit aufgeführt. Außerdem schreibt sie seit 2011 szenische Kolumnen für den *Tages-Anzeiger*. 2018 erhielt sie das Werkjahr der Stadt Zürich und ist seit 2019 Kritikerin im SRF-Literaturclub.

Verlag und Herausgeberinnen bedanken sich bei Frau Dr. Béatrice Kronenberg
und folgenden Institutionen für die Unterstützung:

Kultur
Stadt Bern

Schweizerische Gemeinnützige Gesellschaft
Société suisse d'utilité publique
Società svizzera di utilità pubblica
Societad svizra d'utilitad publica

SVA | Schweizerischer Verband der Akademikerinnen
ASFDU | Association Suisse des Femmes Diplômées des Universités
ASL | Associazione Svizzera delle Laureate
ASA | Associaziun Svizra da las Academicras

Kultur Kanton Bern

Stadt Zürich
Kultur

**Burgergemeinde
Bern**

BPW SWITZERLAND
Business & Professional Women

Stiftung zur Erforschung
Frauenarbeit

Gisela Feuz Yael Inokai **einkassieren** Simona Isler und Anja Peter Moni
mise en place Elisabeth Joris Franziska Rogger Sarah Probst Lotta Suter a
hausgemacht Nina Kunz Christine Loriol Esther Pauchard Anja Conzett au
nkassieren Simona Isler und Anja Peter Monika Bütler Ina Praetorius **nachre**
Franziska Rogger Sarah Probst Lotta Suter **anstoßen** Silvia Binggeli Barba
ristine Loriol Esther Pauchard Anja Conzett **auftischen** Nicole Althaus Fab
d Anja Peter Monika Bütler Ina Praetorius **nachreifen** Elisabeth Bronfen Fa
otta Suter **anstoßen** Silvia Binggeli Barbara Marti Regula Bührer Fecker A
d Anja Conzett **auftischen** Nicole Althaus Fabienne Amlinger Laavanja Sin
Ina Praetorius **nachreifen** Elisabeth Bronfen Fatima Moumouni Iren Meier
Binggeli Barbara Marti Regula Bührer Fecker Angelika Waldis **abschrecken**
auftischen Nicole Althaus Fabienne Amlinger Laavanja Sinnadurai **garen** L
nachreifen Elisabeth Bronfen Fatima Moumouni Iren Meier Patti Basler a
Barbara Marti Regula Bührer Fecker Angelika Waldis **abschrecken** Susan Bo
Fabienne Amlinger Laavanja Sinnadurai **garen** Laura de Weck Anna Rosenw
en Fatima Moumouni Iren Meier Patti Basler **amuse gueule** Stefanie Grob
ecker Angelika Waldis **abschrecken** Susan Boos Ariane von Graffenried Ire
ger Laavanja Sinnadurai **garen** Laura de Weck Anna Rosenwasser Gisela Fe
uni Iren Meier Patti Basler **amuse gueule** Stefanie Grob **mise en place** El
s **abschrecken** Susan Boos Ariane von Graffenried Irena Brežná **hausgema**
durai **garen** Laura de Weck Anna Rosenwasser Gisela Feuz Yael Inokai **ein**
ti Basler **amuse gueule** Stefanie Grob **mise en place** Elisabeth Joris Franzi
oos Ariane von Graffenried Irena Brežná **hausgemacht** Nina Kunz Christine
Anna Rosenwasser Gisela Feuz Yael Inokai **einkassieren** Simona Isler und A
Grob **mise en place** Elisabeth Joris Franziska Rogger Sarah Probst Lotta Su
fenried Irena Brežná **hausgemacht** Nina Kunz Christine Loriol Esther Pauc
ser Gisela Feuz Yael Inokai **einkassieren** Simona Isler und Anja Peter Moni
mise en place Elisabeth Joris Franziska Rogger Sarah Probst Lotta Suter a
hausgemacht Nina Kunz Christine Loriol Esther Pauchard Anja Conzett au
nkassieren Simona Isler und Anja Peter Monika Bütler Ina Praetorius **nachre**
Franziska Rogger Sarah Probst Lotta Suter **anstoßen** Silvia Binggeli Barba
ristine Loriol Esther Pauchard Anja Conzett **auftischen** Nicole Althaus Fab
d Anja Peter Monika Bütler Ina Praetorius **nachreifen** Elisabeth Bronfen Fa
otta Suter **anstoßen** Silvia Binggeli Barbara Marti Regula Bührer Fecker Ar
d Anja Conzett **auftischen** Nicole Althaus Fabienne Amlinger Laavanja Sinn
Ina Praetorius **nachreifen** Elisabeth Bronfen Fatima Moumouni Iren Meier
Binggeli Barbara Marti Regula Bührer Fecker Angelika Waldis **abschrecken**
auftischen Nicole Althaus Fabienne Amlinger Laavanja Sinnadurai **garen** L
nachreifen Elisabeth Bronfen Fatima Moumouni Iren Meier Patti Basler a
Barbara Marti Regula Bührer Fecker Angelika Waldis **abschrecken** Susan Bo
Fabienne Amlinger Laavanja Sinnadurai **garen** Laura de Weck Anna Rosenw
en Fatima Moumouni Iren Meier Patti Basler **amuse gueule** Stefanie Grob
ecker Angelika Waldis **abschrecken** Susan Boos Ariane von Graffenried Ire
ger Laavanja Sinnadurai **garen** Laura de Weck Anna Rosenwasser Gisela Fe
uni Iren Meier Patti Basler **amuse gueule** Stefanie Grob **mise en place** El
s **abschrecken** Susan Boos Ariane von Graffenried Irena Brežná **hausgemac**
durai **garen** Laura de Weck Anna Rosenwasser Gisela Feuz Yael Inokai **einl**
ti Basler **amuse gueule** Stefanie Grob **mise en place** Elisabeth Joris Franzi
oos Ariane von Graffenried Irena Brežná **hausgemacht** Nina Kunz Christine
Anna Rosenwasser Gisela Feuz Yael Inokai **einkassieren** Simona Isler und A
ie Grob **mise en place** Elisabeth Joris Franziska Rogger Sarah Probst Lotta S